현대신서
112

유 토 피 아

폭탄이 장치된 이상향

티에리 파코

조성애 옮김

東 文 選

유토피아

THIERRY PAQUOT

L'utopie

ou l'idéal piégé

© 1996 Hatier

차 례

서 문

<blockquote>"유토피아는 대개 오산이었지만, 거짓말
인 경우는 거의 없었다."
—— 레이몽 뤼에르</blockquote>

유토피아는 멀리서, 우리들의 꿈이 빛을 발하는 밤에 울려 오는 유혹의 소리 같다. 유토피아는 우리를 놀라운 곳으로 데려간다.

유토피아는 좀더 나은 다른 곳을 향한 출발이며, 사회 자신의 불행을 떨쳐 버린 방위용 사회(contre-société)이다. 그것은 어떤 이들에게는 현재의 위급한 문제에 대한 해답으로, 어떤 이들에게는 예상으로(오늘의 유토피아는 내일의 현실이 될 것이다), 또 어떤 이들에게는 사회라는 발전기에 필요한 연료로(유토피아가 없다면 사회는 사라진다) 나타난다. 그런 오산들을 하다니! 유토피아가 언제 어디서나 있었던 것은 아니었다. 그것은 서구에서 사상과 철학은 화려하게 발전했지만 대체로 음울했던 시기에만 형성되었다.

유토피아의 시대는 주체——개인——가 역사의 당사자이자 자기 운명의 주인으로서 생각하고 확신했던 시기와 일치한다. 유토피아의 역사는 개인과 집단의 관계를 지배하는 사회적 장치들을 밝히고 교정한다.

현대에 와서 의사 소통 기술공학의 발전, 도시 집중화, 경제의 세계화, 임금노동자들의 위기들로 말미암아 개인들간의 관계와 민주주의 실현에 새로운 규칙들이 과해진다. 시민들과 제도들을 이어 주는 중재의 성질이 달라진다. 이 책을 통해 유토피아가 **다른** 삶에 대한 기대에 더 이상 부응할 수 없는 이유를 이해하고자 할 때, 잠재성——현실보다는 오히려 현행적인 것과 반대되는——과 더불어 현실과 현실의 이미지들, 상상적인 것과 그 매체들의 관계에 나타나는 많은 변화들은 우리들이 관심을 둘 만한 충분한 가치가 있다.

i

꿈을 먹고 사는 것?

유토피아는 어디서 오는지 알 수 없지만 정기적으로 나타나고 있다. 유토피아는 사회 통념들을 부인하고, 확신들을 뒤흔들고, 삶에 대한 다른 개념을 제시하기 위해 나타난다. 그런 점에서 유토피아는 회색빛 일상을 비추는 햇살 같거나, 우리를 짓누르는 권태를 벗어나게 하는 웃음소리 같아 보인다.

몇 년 전부터 이상적 사회의 건설과 같은 이런 일들에 대한 무관심, 나아가서는 거부나 거절에 대해 이야기하지 않을 수 없다. 유토피아는 '순수한 죽음' '역사의 종말' '전체주의'와 동의어일까? 68년 5월부터 시작된 '유토피아적인 기간들'이 지나간후, '현실적인 기간들'로 다시 돌아간 것일까? 이 현실주의는 자유주의, 성공, 도전, 직업적 성공, 팔고 사는 데 모든 기반을 둔시장의 옹호로 나타난 것일까?

그렇다면 훌륭하고 굳건한 유토피아는 어떤 것인가? 플라톤에서 파생된 것도 아니고, 한물간 마르크스주의와 아주 유사한 것도 아니며, 지복천년설[1]의 어떤 경향도 없는 혁신적인 유토피아일까? 이런 요구는 충족될까? 질문이 다르게 던져질수록 대답하기가 어렵다. 사실상 유토피아가 더 이상 작동하지 않는 것인가,

아니면 더 이상 유토피아를 만들어 낼 수 없는 우리 사회가 문제인가?

1. 경멸된 유토피아

이성의 찬미, 유토피아에 대한 반감은 항상 존재하고 있었으며, 이런 경향은 토머스 모어의 첫번째 유토피아 이야기 이후로 나타났다. 사전들에서는 한결같이 다음과 같이 말한다. '유토피아(utopie)'라는 단어는 '장소'를 의미하는 그리스어 **토포스**(topos)라는 실사와, 양질을 뜻하는 접두사 **eu**와 부정을 나타내는 **ou**라는 두 개의 접두사가 합성된 단어로서 이중적 의미를 지닌다. 이처럼 '유토피아'는 어떤 점에서는 '좋은 장소' '행복의 장소'를 뜻하는 동시에, '존재하지 않는 곳' '어디에도 없는 곳'을 의미하면서 실제 지리학적으로 존재하지 않는 장소라는 뜻을 담고 있다. 결국 살기에는 너무나 좋은 곳이지만 닿을 수 없는 곳이라는 뜻이다.

상당히 빠르게 일상적 언어에서 '유토피아적'이라는 형용사는 불가능한 꿈, 논의의 여지가 있는 제안, 실현할 수 없는 것으로 판단된 계획을 수식하게 된다. 소위 '양식' 있는 자는 다음과 같이 빈정거릴 기회를 갖는 셈이다. "당신의 구상은 참 훌륭합니다만……." 유토피아에 대한 반대는 기요틴의 칼날처럼 인정머리 없이 자르는 바로 이 '……합니다만'에 있다. 단호하고 결정적이고 닫힌 태도로, 사람들은 유토피아를 가차없이 단죄한다. "세 상을 바꾸고 싶다고요? 불가능합니다, 황당무계하고 환상적입니 다!" 그리고 보통은 어깨를 한 번 으쓱하곤 대화의 주제를 바꾼 다. 유토피아를 제대로 반대하기 위해 유토피아를 살펴보지 않기 때문이다. 사람들은 유토피아를 비웃는다. 비평의 그런 부재는 사람들간의 가장 이상적인 관계라는 영역에 살고 싶어하는 유토 피아의 지지자들을 당황케 한다. 용어 자체의 애매함에서 야기되 는 이런 대화의 거부는 위험하다. 유토피아란 다양한 의미가 들 어 있고, 여기서 오는 구상의 다양성은 사용자들로 하여금 자신 들이 사용하는 의미를 조심스럽게 정의하도록 이끌기 때문이다.

1516년에 토머스 모어가 라틴어로 루뱅에서 《유토피아》, **자작 이며 고상한 영국 런던의 시민인 그 유명한 토머스 모어의 가장 이상적인 공화국 구성에 대한 라파엘 히슬로데이라는 아주 훌륭 한 사람의 담론을** 출판했을 때, 어떤 예감이 있었던 것은 아니지 만 여러 세기 동안 서구에서 꽃피우게 될 하나의 문학 장르를 시 작했다.[2] 당시의 그는 이 용어와 계획의 운명을 모르고 있었다.

하지만 토머스 모어의 세계는 더 이상 우리들의 세계와 같지 않고, 그의 전언은 더 이상 반응이 없다. 잘하면 그의 방식만은 우리 사회 한가운데에서 싹틀 수 있는 **가능성**들에 대해 여러모 로 생각하도록 우리들을 도울 수 있다. 그렇지만 토머스 모어의 《유토피아》의 출판 과정, 그의 많은 번역물과 모방들을 좇아갔 던 다양한 유토피아 이야기들을 이해하고자 하는 사람들에게 그 의 책은 필독이다. 그에게서 영감을 받은 작가들은 때때로 그가 제시한 것들 중 어떤 것들을 있는 그대로 아무런 망설임 없이 다시 취했을 것이다. 다른 모호한 이념들 무리에서, 예를 들어 18세기에서 19세기의 전환기 동안 발전되다가 소비에트 공산주의의 붕괴와 함께 끝나게 될 이념들에서, 이 개척자적인 유토피아의 자취와 인용, 차용한 것들을 우리는 다시 발견하게 될 것이다.

산업 세계, 진보와 과학의 세계, 주정부-국가들인 이 세계적인 지구는 아마도 **유토피아**로 보일 수도 있겠지만, 토머스 모어의 시대에서는 결코 상상할 수 없었다. 새로운 사회의 물질적 조건들은 근본적으로 달라졌지만, 오로지 돈의 권위와 일종의 특권 권력층이 지배하는 사회적·경제적·법적 체제로 인간성을 박탈시키는 제약들에서 모든 사람들이 해방되는 정의로운 사회를 건설하려는 염원을 없애지는 못한다. 평등 안에서 그리고 평등에 의해서 이루어질 인간 해방의 이런 의지는, 여러 문화들을 동요시키는 경제·사회·문화에 걸친 심층적인 변화에도 불구하고, 대체로 (항상 그런 것은 아니지만) 한 시대를 지나 다른 시대로 영원히 전해진다.

샤를 푸리에에서부터 카를 마르크스에 이르기까지, 생 시몽에서 요시프 스탈린에 이르기까지 산업주의적 유토피아는 외양은 달라 보일지라도 많은 공통점이 있다. 이런 점들로 말미암아 어떤 이들은 소비에트적 전체주의라는 이름으로 이들을 모두 거부하기도 했다. 그렇지만 이들의 정신은 대립될지라도, 바로 형태 속에서 비슷한 결과를 바라고 똑같이 적대 관계의 제거를 원하고 있었다. 예를 들어 마르크스주의의 경우 공산주의는 자본주의의 중요한 모순들의 종말을 탐구한다. 도시/농촌의 차이, 육체노동자/정신노동자의 대립, 노동자/자본가의 대립, 남성/여성의 적대 관계를 끝내고자 한 것이다. 우리는 다른 산업주의적 유토피아에서 다소간 같은 예측을 찾아볼 수 있다. 그러나 인류 역사상 처음으로 농부들이 소수로 전락된 도시 문화의 시기에 이것은 무엇을 의미하는가? 대중 교육과 '민주주의' 교육이 이루어지는 시기에, 노동의 자동화 또는 때때로 로봇화가 이루어지는 시기에, 대체로 노동의 고통이 감소되는 시기에, 쉬웠던 것은 아니지만 여성들이 남성들과 똑같은 권리와 똑같은 사회적 가능성을 획득한 시기에 이것은 무엇을 의미하는가? 사회적 투쟁, 기술 진보, 정치 혁명, 세계의 경제적 통일은 거의 1백 년이 지나 이런 모순들을 '넘어서게' 했다.

유토피아는 공산주의를 환기시키기 때문에, 그리고 이 공산주의가 자신들의 약속을 지킬 수 없었을 뿐만 아니라 특히 고도의 억압적이고 압제적이기까지 한 체제를 세웠다는 이유로 악평을 받게 된다. 그때부터 유토피아는 전체주의로 더럽혀진다. 많은 이들이 행복을 위해 위에서 아래로 강요된 것이 '유토피아'라고 생각하게 된 것이다! 유토피아는 당시에 모든 것에 대한 답이며, 유토피아의 사상은 총괄적이 된다. 유토피아는 각자의 공적 생활과 사적 생활의 가장 사소한 부분도 다스린다. 그것은 조지 오웰의 《1984년》과 《동물 농장》이 뒤섞인 올더스 헉슬리의 《멋진 신세계》와 닮아 있다. 스탈린주의를 패러디한 《동물 농장》에서는 돼지들이 농장에서 권력을 잡을 때, 다음과 같은 슬로건을 통해 그들의 정치적 강령을 알린다. "모든 동물들은 동등하며, 어떤 동물들은 다른 동물보다 더 동등하다!"

2. 유토피아적인 유토피아

유토피아란 실행시킬 수 없다는 것이 유토피아를 부정하고 조롱하기 위해 자주 사용되는 이유들이 된다. 유토피아를 중상하는 이들은 이미 계획 속에 만회할 수 없는 결함이 존재한다는 느낌을 확신하면서, 유토피아를 실현시키는 모든 시도들은 헛된 것으로 밝혀졌다고 설명한다.

공동체 실험들은 대체로 실패했으나, 이 실험들이 햇빛을 보던 날과 사라지게 만든 상황들은 우리들에게 상당히 중요하다. 19세기와 20세기 동안 일어난 수백 개의 유토피아적인 실험들의 중요성을 누가 보여 줄 것인가? 누가 어떤 권리로 이들을 실패했다고 간주할 수 있을까? 그리고 만약 과학적 탐구처럼 사회도 실패 덕분에 발전한다면? 사실 실패한 유토피아는 사회적 시행 착오를 보여 주는 예가 될 수 있을 것이다. 그렇다면 실패를 어떻게 설명할 것이며, 어떻게 분석할 것인가? 필요한 조건들이 다 갖추어지지 않아서였을까? '유토피아를 꿈꾸는 사람들'은 '수도자로 입문할 때처럼' 유토피아로 들어갈 때 충분히 준비했었는가?

한 가지는 분명하다. 유토피아는——토머스 모어 이후의——

미래가 아니라 **다른 곳**이라는 점이다. 사실 이것은 미래 예측의 과정에서 새로운 세계를 상상하는 것이 아니라, 새로운 세계를 바로 **여기와 지금**, 구세계 한가운데에 세운다는 것이 아니겠는가!

　대부분의 유토피아 이야기에서 다른 곳은 섬이거나, 혼란에 빠뜨릴 모든 접촉이 두절된 어떤 광대한 처녀지이다. 지구는 전부 지도로 제작되었고, 지구상의 가장 외진 곳도 알려진 지금 세기 말의 우리들의 다른 곳은 어디가 될까? 우리가 다른 사회를 건설할 수 있고, 다른 도시를 세울 수 있는 이 **어디에도 없는 곳**은 어디에 있는가? 개간하고 비밀을 알아낼 만한 곳은 이제는 없는가? 어떤 모험을 기대할 만한 놀라움은 이제는 없는가? 이름 없는 공간이 없다는 것이 문제점인가? 무엇보다 시간이 문제 아닌가? 공상과학 소설에서처럼 몇 세기 후나 수천 년 전의 시간을 넘어선 곳에다 우리들을 내려놓고 다양한 시간을 결합시킨 장소로 데려가면서, 그리고 우리들이 원하는 대로 그 시간들에서 나오게 하고 맞추는 것은 아니더라도, 유토피아는 시간의 초월과 결합되어야 하지 않을까?

　쥘 베른·필리어스 포그의 주인공들의 마음에는 들지는 않았을 어떤 광고 문구를 보더라도, 지난 몇십 년 동안 서구 세계는 시간을 결정적으로 극복했다. 그러나 포그는 어느 정도 회의를 가지고 있었고, 우리 현대인들이 잃어 가고 있는 경이의 감각을 지니고 있었다. 특히 그는 여행하거나 자신의 고향, 습관들, 안락함을 떠나고 싶어하지 않았다. 그래서 그는 다른 이들을 방문하지 않고서, 외국의 낯섦을 찾아보지 않고서도 세상을 돌아다

녔다. 만남을 위해, 재검토를 위해, 앎을 위해서 단 한번도 중간 기착지를 활용하지 않았다. 모든 것에 무감각한 사람들에게서 어떤 기대감을 불러일으킬 수 있을까? 유토피아는 더 이상 꿈꾸지 않는 그순간 죽는다. 더 나은 다른 곳을 전해 주는 위대한 신화들은 이제는 성공하지 못한다. 텔레비전은 우리 각자가 이미지들을 만들어 내고 상상하는 능력을 경직시킨다. 텔레비전과 함께 사람들은 모든 것을 보았고, 많은 이들이 거기에 가기도 전에 돌아오고 있지 않는가!

유토피아는 후기 산업 사회에 대한 근본적인 비평으로, 동시에 다르게 살려는 독창적이고 구체적인 길로 이해되면서 땅을 벗어난 것처럼 보인다. 그것은 뿌리내리기가 어렵고, 어렴풋하고 희미한, 피상적인 무의지적 기억처럼 빠지게 하며, 확고한 기반을 얻거나 말에는 이르지 못하면서 우리들 주변을 맴돈다.

유토피아는 다른 시대에 속하는가? 우리는 그렇다고 느낀다. 《유토피아》의 토머스 모어는 **서구적 시기**의 시작을 실험적 야심이 두드러지게 나타나는 사회 비평이 시작된 시기로 본다. 이 풍요로운 야심의 시기는 1980년대말 베를린의 마지막 도시 공동체들과 함께 사라진다.

3. 유토피아의 서구 세계

문학 장르로서의 유토피아는 주로 서구에 해당되고, 남성들의 영역에 속한다.[3] 이것은 다른 문학 장르의 지리학과 역사에 영향을 준다. 밀란 쿤데라가 분석하고 시대를 구분한 소설처럼.[4]

유토피아는 소설처럼 개인의 행동이 집단과 사회의 안녕을 위한 것일지라도, 역사의 자율적인 주체가 되는 개인의 존재를 전제해야 가능하다. 그것은 개인이 가족과 가계 활동에서 해방되고, 종교를 포함해 자신의 새로운 자유를 옭아매는 여러 구속들을 부인하기 시작한 이탈리아 르네상스 이후부터였다. 모든 유토피아가 하느님과의 관계에서 자신들의 위치를 찾는 것이라면 그것은 분명히 우연이 아니다. 폴 베니슈의 훌륭한 글, 《예언자들의 시대》[5]는 이러한 사실을 잘 감지했다. 이 책은 19세기초 프랑스의 유토피아들을 다루었다. 그 당시 태동하고 있었던 새로운 기독교 이론들은 어쨌든 조화로운 지상 도시를 태어나게 할 새로운 사회적 진화를 촉진시켰다. 유토피아를 주장하는 이들은 다음과 같이 단언하는 생 시몽처럼 예언자적인 면모를 취했다. "내가 이 땅을 천국으로 만들게 될 날이 올 것이오." 그는 뉴턴식 종교[6]나 르루처럼 새로운 종교의 도래를 선포한다. 르루는 다음과 같이 확언한다. "나는 소설가가 아니라, 신앙인입니다." 그리고 대의를 위해 나선 선교자라고. 그러므로 모든 결합이 시도된다. 하나 또는 여럿의 신들이 사제, 성스런 교리, 의식들과 함께 또는 그것들 없이 결합될 것이다. 그러나 신념들은 믿음과 비슷하고, 유토피아의 원칙들은 교리처럼 습득된다.

수많은 종교들처럼 유토피아 이론들은 분열을 겪고 (새로운 공동체들의 출현과 함께) 파문을 경험한다. 마르크스-레닌주의는 유토피아적이기를 원치 않았음에도 세부적 차원에서 어느 정도는 완벽하게, 그리고 지나칠 정도로 가톨릭교회의 형식들을 모방했다. 산업 혁명과 다양하게 수용된 계몽주의의 영향과 더불어 유토피아적 이야기는 자본주의를 과격하게 부인하며, 지지자들이 실행에 옮기는 데 큰 영향을 발휘했다. '사회 문제'는 의사 일정(議事日程)에 속했고, 유토피아 이론들은 그들끼리 경쟁할 뿐만 아니라 정치적으로 다른 방식을 모색한다. 유토피아는 자본주의 경제와 밀접하게 맞물린 분석에서 출발하며(잉여 가치의 착취, 인간을 포함해 인간과 관련된 모든 것들의 상품화), 사회 계층들간의 타협을 모르는 대립, 종교의 부인, 역사의 흐름이 모든 인간을 자본주의보다 '우월한' 사회, 즉 공산주의로 이끈다는 확신에서 출발한다.

마르크스–레닌주의는 점차 반자본주의적 이론의 지도자들을 사로잡고 많은 혁명가들에게 사회 문제에 대한 해결책으로, 그리고 사회주의 건설에 필요한 유일한 길로 나타난다. 사회주의는 자본주의와 철저하게 결별하기를 원한다. 사실 이런 믿음은 20세기에 와서는 모든 반자본주의적 혁명이 이의를 제기하는 부분이다. 볼셰비키 혁명과 스탈린주의 혁명의 서사시에서는 혁명이 완성되면 개인 상호간의 관계들은 위계 질서에 의해 부여된 한계들과 자본주의의 특성인 소외도 벗어날 것이라고 믿었지만, '당의 형태'가 사회적으로 다양하게 섞인 모든 국민을 이끌 수 없다는 것을 드러냈다. 마찬가지로 경제는 전제적인 계획 경제와 모든 생산 수단들의 사회화에 의해 변화될 수 없었다고, 그리고 국가는 모든 이들의 이해 관계를 '경영' 할 능력, 각자의 욕구들을 증진시키고 보장할 능력이 없었음이 확인되었다. 이런 모든 기능 장애들과 '실제로 존재하는 사회주의' 모순들의 목록은, 파리코뮌에 대한 마르크스의 말(그리고 다시 지상으로 내려온)에 따라, 이런…… '하늘의 정복' 을 음미하기 위해 서둘러 세워야 하는 장소들의 상황을 알게 해준다.

제3세계에서는, 민족 해방을 위한 투쟁의 결과이든 아니든간에 어떤 혁명 운동도 정의롭고 자유로운 사회를 건설하지는 못했다. 거기에도 이런 목록을 어렵지 않게 발견할 수 있다. 그 목록은 묘지와 닮아 있을 것이다. 희망이 죽었기 때문일 뿐만 아니라, 더 심각한 것은 수백만 명의 남녀들이 수입된 사상을 옹호하거나 반대함으로써 때때로 끔찍한 고문 끝에 죽어갔다는 것으로도 묘지와 닮았다. 이런 '과학적' 유토피아의 제3세계식의 해석은 마오쩌둥주의 · 체게바라주의 · 카스트로주의 등으로 불리며, 모두 서구에서 온 것이다.

몇몇 역동적인 문화들은 우리가 유토피아라고 명할 수 있는 것을 지니고 있지만[7] 실상은 다른 차원에 속하며, 신화, 종교, 그리스도의 재림,[8] 지복천년설과 더 가까운 이들의 신념은 무엇보다 예언 · 선지자들에 의해 선포된 어떤 것을 기다리는 믿음에 뿌리내리고 있다.

유토피아는 특히 서구적인 발명품이다. 유토피아가 의식적이든 아니든 유대주의(유대교 신비철학), 그리스 사상(플라톤과 《국가》), 특히 기독교(성 아우구스티누스와 《신국》)를 참고했음을 알아볼 수 있다. 유토피아는 자신을 설명하고, 자기에게 설명하고, 하물며 자신을 정립하려면 숙명지워진 역사에서 해방되어야 하며, 자유 의지뿐만 아니라 행동의 자유, 따라서 생각하고 결심하는 자유를 요구해야 한다. 그러므로 유토피아가 서구의 땅에서 꽃피고 무엇보다 현대성이 출현한 곳——이탈리아와 영국, 신앙이 논의되던 곳——영국과 독일, 이성이 이론화된 곳——프랑스, 그리고 자유가 섭리처럼 외쳐지던 곳——유럽 전체와 대서양 건너의 유럽으로 볼 수 있는 미국——에서 꽃피웠던 이유를 더욱 잘 이해할 수 있다.

4. 철학자들과 유토피아

1968년 5월 사건 이후, 르노 자동차 공장 앞 통나무 위에 걸터앉아, 자신의 연설을 들으며 환영——존경——을 표시했던 '노동자-요새'를 형성한 노동자들 앞에서 장 폴 사르트르는 무엇을 생각하고 있었을까? 좀더 나은 세상을 생각했을까? 그러나 '더 나은 세상'이란 전혀 유토피아와 같지 않다. 그 세계는 정치 혁명과 개혁을 교차·대립시키고, 때로는 결합시키는 변증법 속에 들어 있다. 혁명은 예전의 것과 결별하기를 원하며, '새로운 사회' 위에서 시작하고자 한다. 반면 개혁은 똑같은 공적을 온건한 방식에 따라 실행하고자 하며, '조용하고' 그리 불안을 야기하지 않는 교체와 같다. 둘 다 환상이다.

유토피아는 어떤 정치적 흥정에서 나오는 것이 아니다. 에른스트 블로흐가 제1차 세계대전중 집필한 《희망의 원리》라는 저서에서 분명히 말했듯이, 유토피아는 창조의 희망 속에서 자아를 발견하는 일이다. 음악, 미술, 일반적으로 예술은 불가능을 실험하고, 마침내 완수하는 그런 초월을 허락한다. '자아의 인식에 있어서 항상 더 멀리 나아가려는 이런 정신 자세'는 집단적 행위와는 상관이 없으며, 오히려 항거와 희망이라는 복합적 운동에 뿌리를 두고 있다. 《변증법적 이성 비판》의 사르트르식의 용해된 집단과 다르며, 역사를 프락시스의 집적소로 정의하는 그의 사고와도 거리를 두고 있다.

현대 철학자들은 유토피아를 이야기할 때 상당히 불편함을 느낀다. 그들은 한편으로는 일관성 있고 해방적인 이 담론에——어떤 점에서는——끌린다. 다른 한편으로는 철학으로 인정하지 않는 전복적인 정신을 불신한다. 상아탑의 철학자들이 유토피아에 대해 분명히 무관심한 것은, 아마도 진실의 탐구로 보는 쪽과 이런 기대를 고발하는 쪽과의 단절 때문이라고 할 수 있을 것 같다. 유토피아는 불완전하고 과도기적인 역사적 진실이라 할지라도 진실의 탐구에 중점을 두지 않는다. 유토피아는 진실의 초월로 구성된다. 그러므로 유토피아는 진실의 실현인 동시에 부인이다.

이런 모순을 쉽게 받아들이지 못하는 철학자들은, 인간과 사물의 이상적 통치 형태라고 보는 관점을 받아들여 유토피아를 정치철학으로 분류한다. 이런 철학자는 즉각 플라톤이 시대 착오를 범하는 이같은 사상의 선구자라고 말한다. 도시화되는 세계에서 개인의 확립이란 점에서 유토피아는 현대적이다. 16세기 이탈리아에서 유토피아를 주장하는 사람들에 의해 고안된 이상적인 도시들이 그 점을 증명해 준다. '도시적 인간'은 만들어지는 역사 안에서, 그리고 자신이 만들어야 하는 역사 안에서 자신을 생각하는 방법으로 이성(raison: 라틴어로 ratio는 계산과 이성을 동시에 표현한다)을 요구하게 된다. 그런데 이 이성은 종교적 믿음이 유지하려는 신비를 불신한다. 이성은 선과 악에 대한 평신도의 새로운 평가에서부터 출발해 각자의 의식을 만들어 낸다. 유토피아들은 이들 중 대부분 종교적 영역과 개인적 이성 영역이라는 두 영역에 속하는 요소들과 자세들을 조합한다.

유토피아들의 중요 문제는 집단과 집단의 각 개인들의 요구에 부응하는 일이다. 그러나 어떤 유토피아도 여기에 진정으로 도달하지는 못할 것이다. 개인은 집단을 위한 제물로 희생될 것이다. 유토피아적 담론의 취약점은 철학적 사고의 부재에 있다. 칸트는 분명히 이 점을 알고 있었다. 그는 유토피아가 현실에서 구현될 기회는 전혀 없더라도 정치 토론에서는 필수 불가결한 이상적 조종자라고 생각했다. 이런 철학적 행보는 다른 이들이 개척해 내야 할 길들을 보여 주는 것으로 그쳤다. 이처럼 존재, 집단적 존재, 이타성, 초월, 전체성은 유토피아의 사상에는 결여되어 있었다.

이론적 사고를 거의 단호할 정도로 거부하고, 최상의 현실을 위해 실현 가능성과 실험을 선택한 유토피아는 자신을 문제삼고

공고히 할 수 있는 개념들을 형성할 수 없었다. 샤를 푸리에가 개인성에 대해 성찰한 것이 거의 유일한 경우였지만, 그의 접근은 철학에서라기보다 인류학과 본능적인 심리학에서 나온 것이다. 그렇지만 유토피아이든 아니든 죽음을 위한 존재는 존재에 관한 질문들을 피할 수 없다. 바로 거기에 하나 이상의 모순들이 나타날 수 있으며, 유토피아는 구체적 사회이지만 이론화 없이 이루어진 추상적 건설이라는 말이 나온다. 유토피아는 합리적 외양과——유토피아 주창자들의 풍부한 계산이 보여 주듯——지금 현존하고 있는 것보다는 미래적 존재에 더 비중을 두는 상상계에 대한 취향을 갖고 있다. 유토피아 주창자들은 자신이 알고 있는 것에서 출발하며, 바로 그 점에서 그들의 계획과 과거의 참고 사이에 괴리가 있게 된다.

월리엄 모리스의 《어디에도 없는 어떤 곳에 대한 단편》(1891)은 이상화된 복고주의적 관점에서 런던의 미래를 그리고 있다. 이와 마찬가지로 마르크스가 《1844년의 경제학-철학 초고》에서, 공산주의는 "인간과 자연과의 본질적인 통합의 완성, 자연의 진정한 부활, 인간으로 완성된 자연주의, 자연으로 완성된 인간애"라고 단언할 때, 인간과 자연이 조화롭게 살았었던 아주 먼 과거——신화적인?——에 영감을 받은 것은 아닐까?[9]

유토피아적인 도시들과 이들의 구성을 살펴볼 때 제시된 형식만큼이나 사용된 재료들에서 과장은 거의 없으나, 이미 본 것들과 합리적인 절충주의를 많이 보여 준다는 점에서 이러한 인상이 확실해진다.[10]

II

섬에서 공장으로

  '별천지(Pays de cocagne)'라 불리는 장소의 어원은 알 수 없다. 풍요의 생각을 담고 있다고 볼 수 있다. 네덜란드어로 '경이의 나라,' 독일어와 영국어로 '과자의 나라'에서 온 것일 수 있으며, 프랑스 남부에서 파생한 프랑스어 '코카뉴'는 '청색 파스텔 염료'를 의미하며, 번영을 가리킨다. 별천지 사람들은 가난을 벗어나는 데 소유 제도를 개혁했을 뿐만 아니라 대향연을 벌이고, 일하지 않고, 춤추고 노래하며 지낸다.

  마시는 것에 대한 많은 노래에서 별천지는 꿀의 강이 흐르는 섬이고, 주민들은 크리스털 궁전에 살고 있다. 라블레는 텔렘 수도원을 묘사할 때 여기에서 영감을 얻었으며, 이 수도원 같지 않은 수도원은 '네가 원하는 것을 하라'는 단 하나의 원칙에 의해 통치된다. 윌리엄 셰익스피어는 《템페스트》(1611)에서 공화국에 대한 자신의 생각을 보여 준다.

  (…) 여자들과 마찬가지로 남자들에게도
  이만큼 한가하고 정직하고,
  순수한 일거리는 어디에도 없네

어디에도 지배자는 없다네 (…)

자연은 모두에게 모든 것을 내놓는다네

힘들이거나, 땀 흘릴 필요도 없이:

배반, 반역, 불화, 검, 칼, 대포, 무기, 기계들은

추방될 것이라네;

자연 그 자체가 모든 것을 풍부히 제공하고

우리의 순결한 백성들을 먹이기에

넘쳐흐를 정도로 많이 제공할 것이기 때문이라네. (…)

토머스 모어의《유토피아》출판 이후에도 별천지는 여전히 선술집과 밤 파티들을 즐기는 사람들의 희망을 키우고 있음을 알 수 있다.

1. 토머스 모어의 새로운 체제

토머스 모어(1478-1535)는 탁월한 영국의 법학자로 의회의원이며, 런던 시의 부집정관이었다. 그는 그리스 문명연구가, 라틴 문학자, 열렬한 기독교인인 피코 델라 미란돌라의 전기를 번역하고 각색했다. 그와 친구인 에라스무스는 1509년《우신 예찬》을, 다음과 같이 그를 칭송하면서 그에게 헌정한다. "나의 지나친 애정으로 제대로 못 보지 않는다면, 자연은 그보다 더 열렬하고, 더 날카롭고, 더 섬세한 정신을 결코 만들 수 없었다고 분명

히 생각한다. 쉽게 말하는 능력은 곧 그의 지성과 같고, 깊은 온
화함, 장난스러운 동시에 악의 없는 유머. 그는 가장 뛰어난 변
호사라네."

솔직하게 말하는 것으로 유명한 한 남자의 미화된 모습은, 그
의 안에서 겸손하고 관대한 인간의 모습을 본 다른 토머스 모어
전기에서도 확인되는 바이다. 자선을 행하고, 부에 대해서는 전
혀 신경 쓰지 않으며, 자식들을 보살피고——그는 소녀들의 교
육을 지지한다——부인들(첫번째 부인은 제인, 두번째 부인은 앨
리스)을 사랑하며, 신앙심이 깊은——고행자가 입는 거친 셔츠
를 입고 다닐 정도로——토머스 모어는 누가 뭐래도 열린 정신
에, 관용과 상상이 풍부한 인물이었다. 본보기를 보여 주며 빨
리 끝나 버린 그의 정치 경력은 기회주의적 전략의 결과가 아니
라 그의 강한 개성을 증명한다.

토머스 모어와 헨리 8세는 서로를 존경했다. 왕은 그를 불시
에 방문하기를 좋아했고, 미묘한 임무를 맡기곤 했다. 왕은 그와
황금 모포 캠프에 동반하며(1520), 아미앵에서 프랑스와 영국간
의 평화 조약 체결의 구상에 참가시킨다(1527). 그는 늘 왕권을
대표하였으며, 1529년 캉브레의 평화 조약에도 그가 서명한다.
그렇지만 이런 우정은 정부 앤 불린과 결혼하기 위해 가톨릭의
법규를 위반하고, 아라곤의 캐서린 왕비와 이혼할 때 깨어진다.
1531년 2월 11일 왕은 로마 교황과 결별하고, 영국의 성직자들
로 하여금 자신을 영국 교회의 교황으로 추대케 한다. 1년 후 그
는 '이단자들'을 처단하고, 1534년 의회로 하여금 자신의 결혼

을 합법화하며 앤 불린의 자녀들을 왕권계승자로 보장하는 법령을 통과시킨다. 토머스 모어는 교황의 권위를 문제삼는 안을 거부한다. 그때부터 대법관은 왕과 대립할 수밖에 없다. 결국에 그는 참수형을 선고받는다. 사형집행인의 도끼가 그의 목을 내려치는 순간, 왕은 마음의 동요를 일으켰는지 체스 게임을 하다가 중단했다고 한다.

토머스 모어가 가장 유명한 자신의 작품인 《유토피아》(1516)를 쓴 것은 외교 임무를 수행하던 중이었다. 그때 그는 첫 페이지부터 유토피아의 기원을 서술하고 있었다. 앙베르에 사는 친구 피에르 길의 집에서, 모어는 그 유명한 항해자 아메리고 베스푸치를 동반한 라파엘 히슬로데이를 만난다. 그는 '유토피아'라는 섬 주민들의 관례와 풍습들을 그에게 설명한다. 토머스 모어는 1507년 생디에에서 출판된 베스푸치의 여행 보고서를 분명히 읽었다. 바로 그 책에서 박식한 수도승인 발트제뮐러는 자신의 우주학 논문에 실렸던 지도를 소개했는데, 그 위에 '아메리카' 라는 이름을 기입해 넣었다.

이런 영감을 기반으로 토머스 모어는 플라톤의 몇 가지 생각을 첨가한다. 실제로 이 그리스 철학자의 '공화국' 은 당시에도 접할 수 있었다. 토머스 모어는 그리스어를 몹시 좋아했으며, 어느 정도 그리스어를 변용하는 일도 있었다. 장난스럽게 그는 자신의 중요 인물을 히슬로데이라고 이름 붙이는데, 이는 그리스어로 '재주 있는' 과 '수다' 를 동시에 뜻한다. 그의 인물은 볼테르 이전에 나온 구변 좋은 팡글로스 유인 셈이다. 라파엘이라는 이름은 바스코 다 가마가 1498년 지구를 항해했던 배 이름인 '상라파엘호'를 참고한 것이 분명하다. 마지막으로 토머스 모어가 작품 제목의 설명을 부탁한 친구 에라스무스에게 쓴 것처럼, 유토피아는 라틴어로 '아무 데도'를 뜻하는 'Nusquama'로 번역된다.

장 세르비에의 《유토피아의 역사》가 우리들에게 원하는 것처럼, 작가에 의해 만들어진 고유 명사를 해독하려고 애쓸 수 있다. "그들은 이것을 비현실로 생각한다. 수도인 아모로트는 안개 시이다. (혹시 런던을 말하는 것일까?) 이 도시는 물이 없는 강인 안히드리스 강에 접해 있다. 국가는 백성을 가지지 않은 아데무스라는 왕자가 통치한다. 알라오플리트라는 주민들이 살고 있으며, 이들은 도시를 가지고 있지 않다. 이들의 이웃인 아코르인들은 나라가 없는 사람들이다." "이런 이름류와 무의 지명학 안에는 그렇게 완벽한 나라는 존재가 불가능하다고 보는 모어의 비관론이 약간 들어 있다"라고 해석된다.[11]

이 유토피아는 2권으로 되어 있다. 첫번째 책에서 토머스 모어는 농토 집중의 단점들과 농부들 대부분이 비참하게 살면서 어쩔 수 없이 도시로 가야 하고, 방랑·구걸 또는 절도할 수밖에 없는 상황을 특히 비난한다. "그토록 도둑들이 많은 이유를 다른 원인들로 설명할 수 있다……. 그것들은 양떼들, 당신의 양떼들이다. (…) 이 짐승들은 경작할 땅을 전혀 놔두지 않는다. 모든 땅은 방목을 위해서이다. 이들은 집들을 쓰러뜨리고, 촌락들을 파괴한다. 교회를 놔두는 이유는 이 짐승들의 마구간으로 쓰기 때문이다." 저자는 아주 냉철하게 국가가 부의 생산에 개입할 것을 권장한다. **모두의 이익**을 보호하기 위해서이다. 이 시대에 '권력'을 말하는 자는 군인과 무장을 의미한다. '시민의 복지'를 책임지고, '공익 사업'에 관심을 갖는 국가란 여전히 공상적인 일이다.

 권력자들을 설교한 후, 토머스 모어는 두번째 책에서 그의 유토피아의 본질을 제시한다. 유토피아 지지자들은 농사일이 주요 수입원인 농부들이다. 그러나 이들은 학교에서 기술적인 다른 직업도 배웠다. 그들은 하루 여섯 시간을 일한다. 노동은 의무이며, 태만은 기생으로 간주된다. 이들은 여덟 시간을 잠자며, 하루중 나머지 시간은 자신이 원하는 것을 한다. 힘을 소모시키고 고통스러운 일들은 외국인이나 노예들에게 일임되며(노예 제도는 세습적이지 않으며, 주로 전쟁 포로와 관련된다. 유토피아 지지자들은 평화주의자이기 때문에 전쟁을 아주 혐오한다), 주택들은 모두 비슷하고 입구는 길 쪽에 내고 뒤에는 정원이 있다. 유토피아주의자들은 주택 환경에 집착하지 않고, 그것을 자신의 개인 소유로 하지 않도록 10년마다 이사한다. 섬의 54개 시들은 모두 같으며, 모든 주민들은 쉽게 도시적 공간으로 갈 수 있다. 종교는 허용되며, 일종의 원시적 자연 신교를 연상시킨다. 모두 지혜·용기·신중·정의라는 네 가지 중요한 덕목을 공경한다. 여기서는 신앙·희망·자선은 거부된다. 돈은 어떠한 기능도 하지 못한다. 현행범은 화장실의 도색에도 쓰이는 귀금속인 금사슬로 묶인다. 유토피아 지지자들은 물질의 치부를 경멸하며 반대로 시골풍의 삶, 굳건한 사회적 가치들 위에 세워지고 내면 깊숙이 획득된 삶의 단순함을 높이 평가한다. 그런 사회는 악과 악덕을 모른다. 그런 사회는 투명하고 통합적이며, 소외와 같은 실패로 간주되는 것을 거부한다. 《유토피아》에선 모두 다 환영되며, 모두 자신의 자리를 가지고 있다. 규칙을 받아들이고, 존경하기만 한다면 모두 다 환영된다. 토머스 모어는 이런 구절로 이야기를 끝내는데, 그의 회의주의가 잘 드러나는 대목이다. "이들 유토피아 지지자들이 사는 곳에서 나는 우리의 도시들에서 세워지기를 기대한 수많은 일들이 일어났음을 보고 있다. 나는 그런 것을 희망하기보다 기원한다."

루이스 마랭이 《유토피아: 공간들의 게임》[12]에서 강조했듯이, 토머스 모어의 이야기에서 상상적 공간에 표지를 설치하는 것이 바로 텍스트이다. 사회적 발명에 앞서 전(前)텍스트로 쓰이는 것이 바로 이 텍스트이며, 여행자들에게 있지 않은 어떤 곳, 또는 더 정확히 말해 이름 없는 어떤 곳, 이름 자체가 부정을 담고 있고, 그 표현이 현실의 범주를 벗어나는 그런 곳으로 가게 만드는 것이 바로 텍스트를 통해서이다. 우리는 그를 따라 어떤 약속을 상기시키는 한계의 그런 끝에 와 있다. 이런 해안에 대한 약속은 엠마뉘엘 레비나스의 얼굴에 깃든 미소와 같이 느껴진다. 때때로 이런 공명을 느끼게 하는 말들이 있지 않은가!

2. 다양한 후예들

《유토피아》는 유럽에서 대성공을 거두는 데 4년도 안 되어 루뱅출판사에서 8쇄가 나오게 된다. 1517년 질 드 구르몽이 라틴어로 발간하고, 1518년 바젤에서 프로버가 2판을 발행하며, 1519년에 폭발적인 이 책은 피렌체·베네치아·빈에서 동시에 출간된다. 바젤에서 독일어로 최초로 번역된 후 1524년 베네치아에서 이탈리아어로, 1550년 파리에서 프랑스어로, 다음해 랄프 로빈슨에 의해 영어로 번역된다.

4세기나 지난 후 태동하는 소비에트 연방 한가운데서 이 영국인 대법관을 정신적인 지주로서 전적으로 동의하는 과격파가 나타나기까지 한다. 토머스 모어는 1935년이나 되어서야 영국성공회에서 성인으로 추대된다.

유토피아는 수많은 저자들이 빠져드는 샘이 되지만, 이들 대부분은 자신들이 존중하는 입헌적인 이상들에 부합하는 정부의 재정의에 더욱 몰두하게 된다. 이처럼 1627년 런던에서 출판된 프랜시스 베이컨의 《노바 아틀란티스》, 1641년에 출판된 새뮤얼 하틀리브의 《마카리아》, 그리고 1656년 제임스 해링턴의 《오세아나 공화국》이 그뒤를 잇는다. 이 책은 시에예스 신부에게 영향을 미쳐 1800년의 입헌 체제에 대해 집필하게 만들며, 이 책에서 입헌 체제는 토론을 담당하는 부분과 법률을 제정하는 부분이라는 두 개의 의회로 분리되어 있다.

　토머스 모어에 의해 구상된 사회는 사회화된 인간의 중요 행위인 노동에 기초한다. 노동, 열정을 통해 노동자는 '결핍을 거부하고 상대적인 풍요로움을 확보하면서' 독립을 쟁취하는 동시에, 도구와 기술의 다른 관리자들과 협동하면서 사회성을 쟁취하게 된다. 이런 노동의 특별한 위치는——새로운 것이었으며——로버트 오언과 같은 유토피아주의자 기업가의 생각에서 다시 꽃피게 된다.

　그러나 그동안에 유토피아 열풍은 서구를 휩쓸게 된다. 이탈리아에서 반체제 수도승인 토마소 캄파넬라(1568-1639)가《태양의 나라》(1602)를, 프랑스에서는 사비니인 시라노 드 베르주라크가《달나라 이야기》(1657),《해나라 이야기》(1662)에서 환상이 합리적인 정치사회적 체제의 설립보다 우세하게 나타나는 두 가지 이야기를 선보인다. 1688년에 퐁트넬은《보르네오 섬에 대한 이야기》를 출판하고, 1699년에 페늘롱이 황태자 교육용으로《텔레마코스의 모험》을 집필한다.

　유토피아 문학 장르는 이들과 그리 많이 다르지 않을 것이며, 먼 곳의 여행, 미지의 섬들과 기괴함, 개혁자들과 더불어 경이로운 사건이 주류를 이루는 일종의 '백일몽'을 이야기해 주는 '현명한' 노인들과의 만남을 권장하는 이상적 형태가 존중될 것이다. 티소 드 파토브 · 다니엘 디포 · 조너선 스위프트 · 모렐리 · 볼테르 등 그외 많은 이들이 이런 책들을 시도할 테고, 그 중 어떤 이들은 이런 것들을 뛰어넘기도 할 것이다. 이들의 이야기들은 아주 살기 좋은 특별한 장소를 그리고 있다. 그런 **긍정적인**

면은 사실은 그들 사회의 **부정적인 면**을 드러낸다. 16세기의 현대성에서 1789년의 프랑스 대혁명에 이르기까지, 유토피아라 이름 붙은 유럽적 작품의 제1막이 공연된다. 여기서 가장 중요한 것은 바로 조화이다.

내가 '산업주의적 유토피아'라고 명명한 것은 아주 다른 논리에서 나온다. 이들은 어떤 점에서는 유토피아적 이야기, 이 강렬한 수식어와 미묘한 은유 과정과 결별하며, 당시 정치 체제의 불완전성과 불의를 폭로하는 동시에 **더 완성적인 체제**로 유토피아적 이야기를 대신코자 한다. 이러한 더 완성적 체제에 대한 생각은 대체로 유토피아적 '해결책들'을 국가적 전체주의로 이끌면서 혼란에 빠뜨린다. 각 개인의 **행복**을 지나치게 원한 결과, 유토피아적 권력은 행복을 야기하기보다 자신의 규범에 따라 행복을 부여코자 한 것 같다.

1789년에서 제1차 세계대전까지 유럽의 산업화로 인해 기계 설비와 철도를 갖추게 되고, 마침내 통합된 민족들을 통치하는 최고의 국가가 된다. 또한 '미개한' 지역들을 개화시키기 위해 식민지화를 지향하면서 세계의 정복을 향해 나아간다. 진보에 대한 신념의 열기, 프랑스 공화국의 이상들이 지닌 보편성에 대한 확신, 기술 혁신과 과학적 발견의 너무나 빠른 속도는 진정한 산업 문화의 형성과 합류한다. 그러나 다음과 같은 동전의 뒷면도 있는 법이다. 대다수의 비참과 잡거 생활, 알코올 중독, 주거의 미비함이 나타나며, 외젠 쉬의 《파리의 비밀》(1842-1843), 빅토르 위고의 《레 미제라블》, 좀더 후에 나타난 에밀 졸라의

《목로주점》(1877) 《제르미날》(1885) 《노동》[13](1901)에서 아주 잘 묘사되었듯이 하층 계급을 경멸하고 있었다.

유토피아 주창자들은——결코 그렇다고 말한 적은 없어도——자신들이 사회를 비평할 때 사회의 구성 요소·역사·효과·폐해에 대해 세밀히 분석할수록, 그리고 자신들의 제안이 대체로 독창적일수록 더욱 흥미로운 어떤 부분에 집착한다. 그러나 학설상의 차이가 무엇이든, 폴 베니슈는 《예언자의 시대》에서 다음과 같이 말한다: "사상들의 공통된 기반은 모든 시대를 이끈다. 자유, 진보, 이상의 성스러움, 과학의 위엄, 인류의 미래에 대한 소명과 종교에서의 믿음은 대다수 사람들이 받아들이는 가치들이다. 그리고 누구도 단호히 거부하지 못할 가치들이라 당시의 학설 중 지나치게 충돌을 일으키는 관점은 처음부터 틀린 것일 터이다."[14] 이처럼 자유주의와 사회주의라는 매력적인 두 개의 극은 결국 수많은 공통점을 가진다.

카를 마르크스의 동료인 프리드리히 엥겔스는 과학적 사회주의와 유토피아적 사회주의를 자신의 책 《오이겐 뒤링 씨의 과학 변혁》(1878)에서 처음으로 구분한다. 엥겔스에게 '과학적 사회주의'는 '유토피아적 사회주의'와 대립하지는 않으나, 전자는 후자에서 파생되고 후자를 풍부하게 하지만 전자는 후자에 대해 결정적으로 우월하다: '유물론적 역사 관념과 잉여 가치를 이용하는 자본주의적 생산의 신비의 폭로.' 이 두 가지 '발견물들'은 노동자 계급이 자신들이 착취당함을 알게 할 뿐만 아니라 소외의 장치를 파악케 한다고, 특히 노동자 계급이 노예 상태에서 해방되는 수단을 발견하고, 따라서 모든 사람들이 해방될 것이라고 그는 생각한다.

엥겔스에게 있어서 유토피아주의자들은 어떤 점에서는 그들 시대의 명백한 한계의 희생자이다. 그들은 기존의 사회를 개선한다는 단순한 관점과 함께 그 이상을 생각할 수 없었다. "오늘날 여전히 프랑스와 영국의 사회주의 노동자들 대부분의 마음을 지배하는 일종의 중간인 절충적인 사회주의와 전혀 다르지 않다. 미묘한 차이가 가져오는 너무나 다양한 변이형들 속에는 다양한 학파 설립자들의 비평적 관찰들, 미래 사회에 대한 이들의 경제 논문과 그림들이 과격하지 않는 방식으로 섞인다. 강물로 둥글어진 조약돌처럼 정확성의 날카로운 모서리들이 논쟁 끝에 부드러워질수록 각 구성 요소들간의 이런 혼합은 더욱 쉽게 이루어진다. 사회주의를 과학으로 만들기 위해 무엇보다 실제의 땅 위에 사회주의를 자리잡게 해야 했다."[15]

20세기초 조르주 소렐은, 1880년 프랑스에서 출판된 엥겔스의 책(《오이겐 뒤링 씨의 과학 변혁》)에서 3장을 《유토피아적 사회주의, 과학적 사회주의》라는 제목으로 번역한 폴 라파르그를 자주 방문했었는데, 다음과 같은 사실을 관찰한다. "과학(Wissenschaft [학문과 엄격히 구별되어 과학을 의미하며, 철학·종교·예술과 대립되는 개념])은 오늘날 우리들이 그렇게 이해하는 것처럼, 영미권의 학문이라는 단어의 의미와는 잘 부합되지 않는다. (…) 과학적 사회주의라는 표현은 과학의 전능함에 대한 현행의 사상들과 영합했고 성공했다." 몇 페이지 더 나아가서 소렐은 다음과 같이 단언한다. "유토피아주의자들이 할 수 있었던 모든 것은 소망과 회한을 표현하는 일이었다. 현대 사회주의자들의 책에서도 여전히 찾아낼 수 있는 그런 소망과 회한들이다. 현대 사회주의자들은 미개하고 추상적인 용어들을 되풀이했고, 과학적인 방법을 이용하면서, 그리고 물질적으로 실행 가능한 해결책들을 명백하게 정의했음에도 제기된 문제들을 다루는 것으로 그치지 않았기 때문에 과학을 한 것이 아니다."[16] 그런데 어느 정도 몽상가들인 이 유토피아주의자들의 '소망과 회한들'이란 과연 무엇을 의미하는가?

3. 로버트 오언, 교육자

1771년 초라한 환경에서 태어난 로버트 오언은 **자수성가한 유형** 그 자체이다. 그는 10세 때부터 공장에서 일하기 시작해서 17세에 소기업, 20세에 5백 명의 직원을 거느린 공장의 지배인이 된다. 그는 장인에게서 뉴래너크 시의 부동산들을 사며, 29세에 가장 유명한 스코틀랜드 제사 공장을 경영한다. 산업 세계의 소중한 교제와 더불어 그 안에서 획득된 '기술 문화' 속에서 성장한 로버트 오언은 평생 "인간의 특성은 만들어지는 것이며, 인간은 최초의 재료일 뿐이다"라는 것을 확신하는 독학자이다. 단순함이 바로 장점이 되는 이런 전제는 모든 사회를 재구성하는 그의 합리적 사회 체제의 바탕이 된다. 그에게 있어서 인간이란 사회적·경제적 환경의 노리개이며, 선하고 관대한 인간적 본성은 타락되어진다. 그러므로 인간의 본성에 유익한 경향을 되돌려 주기 위해서 사회를 변화시켜야 한다. "자연은 우리 인간이 가장 원하는 모든 것을 풍부하게 만들어 낼 수 있는 땅을 주었다. 우리들은 모르는 사이 포도나무 대신 가시나무를 심었다"[17]고 그는 말한다. 그러므로 이런 '무지'를 수정하고, 각자 자신의 특성을 발전시키는 목적에서 교육한다는 것은 필수 불가결한 일이다. 개인을 발전시키는 방법으로서의 교육에 대한 이런 사상의 근원은 장 자크 루소의 《에밀》(1762)에서 영감을 받은 것이거나, 《학교교사론》(1570)의 저자인 로저 애스컴의 더 이전의 연구물에서 영감을 받은 것인가? "읽기와 쓰기는 옳든 그르든 지식을 획득하는 도구일 뿐이다. 그리고 이런 교육은 아이들에게 동시에 그것을 사용하는 방식을 가르치지 않는다면 비교적 가치가 떨어지는 아이들을 만들어 내는 교육이 된다. 어떤 아이가 사물과 자기 주변의 특성들에 대해 완전하고 올바른 설명을 받는다면, 그리고 올바르게 추론하는 것을 배운다면, 그래서 그가 일반적인 진실들과 오류들을 구분할 줄 알게 된다면 글자나 숫자를 전혀 모르더라도 믿도록 강요되었던 이들보다, 즉 오류로 문화를 가르친 자들에 의해 추론의 능력이 손상되거나 파괴된 이들보다 그는 훨씬 더 교양인이 될 것이다"라고 로버트 오언은 쓰고 있다.[18]

이런 원칙들은 로버트 오언이 개교하고 재정을 지원한 뉴래너크학교들에서 적용된다. 곧 명성을 얻은 이 학교는 매년 약 2천 명의 방문객들이 새로운 교육학의 독창성과 적절함을 이야기하기 위해 찾게 된다. 또한 로버트 오언은 특성을 형성하는 교육 기관을 설립한다. 교육은 구체적인 것에서, 젊은 학생이 발전될 수 있는 상황에서 출발해야 하며, 결코 벌을 가하거나 모욕을 주거나 두렵게 하면서 이루어져서는 안 된다. 그러므로 선생의 선택은 아주 중요하다. 선생은 각 개성에 깊은 주의를 기울여야 하며, 오늘날 '적극적인 교육학' 또는는 '자기 권리와 존엄에 대한 의식 각성시키기'라는 것을 통해 아이가 자신의 개성을 만나도록 이끌어야 한다. 로버트 오언의 오랜 원칙에 따르면, 중요한 학습은 행복의 학습이다. "사람들을 합리적으로 교육하시오. 그러면 그들은 합리적인 사람들이 될 것이오." "학교들을 여시오. 그럼 감옥을 닫게 될 것이오"라고 예언한 위고의 말을 반복한 것일까? 두 경우 모두 예방 차원의 처리에 대한 똑같은 관심을 갖는다는 것을 알 수 있다. 지식이란 범죄를 거부한다. 사회가 시민 각자에게 가장 훌륭한 교육 환경을 제공한다면 모든 것을 극복할 수 있을지도 모른다.

그러나 교육만으로 충분치 않다. 법을 통해 기업부터 시작해서 사회를 더 정의롭게 만들어야 한다. 이 기업가는 그의 《자서전》에서 이렇게 말하고 있다. "나는 전국의 수많은 공장들을 방문했습니다. 그 결과 나는 아이들과 거기에서 일하는 노동자들, 새로운 기계의 권력 아래 노예가 되어 버린 이들의 상황을 정확히 판단하게 되었습니다. 우리 시대에(1815년) 공장에서 행해지는 백인 노예 제도는 완전히 자유를 누리고 있었으며, 인도와 미국에서 보았던 노예 제도보다 훨씬 더 나빴습니다. 건강·영양·의복에 관한 한 인도와 미국이 영국 공장들보다 더 나았습니다."[19]

언제나 실용적인 로버트 오언은 노동자를 보호하며, 이들에게 더 많은 복지를 보장하는 새로운 법제를 생각한다. 그는 자신의 생각들을 자신의 공장들에 조심스럽게 적용시키며, 뉴래너크 주민들이 자신의 회사를 탁월하게 경영함으로써 얻는 경제적 이익의 혜택을 입게 한다. 그러나 그는 더 멀리 나아가기를 바란다. 1824년에 오언은 공산주의적 소집단을 주선하고 있는 리처드 플라워의 방문을 받는다. 리처드는 그에게 인디애나에 있는 하모니 지역을 얻도록 제안한다. 실제 사회의 규모로 미국이라는 새로운 땅, 마음껏 시도할 수 있는 곳에서 사회를 바꾸고자 하는 자신의 이론을 실험할 수 있게 된 것에 기뻐하며, 그는 그렇게 한다. 오언의 일은 잘 되어갔다. 이 지역은 조지 랩이라는 창설자를 따르는 집단이 이미 개척해 놓은 상태였다. 게다가 '미국 지질학의 아버지' 윌리엄 맥 루어가 동참하기를 승낙했으며, 요한 H. 페스탈로치의 교육론에 적극 찬성하는 수많은 학자들을 그곳으로 데려올 것을 받아들였다. 뉴하모니는 1825년에 개교하며 공동체 생활에 이끌린 8백 명을 맞이한다. 그러나 게으른 사람들, 이기적인 사람들, 전체의 불합치가 나타나게 된다. 이것은 실패로 보기보다 시기적으로 너무 빨랐던 시도로 간주된다.[20]

로버트 오언은 미국에서 있었던 일화적 사건들로 희망을 잃지는 않는다. 그는 뉴래너크에 몰두하며, 다음과 같은 수많은 책들을 참고한 자신의 생각들을 대중화하는 것에 몰두한다: 《사회에 대한 새로운 견해》(1816), 《노동을 위한 두 개의 기념물》(1818),

《사회의 완벽한 새 국가에 대한 강의》(1830), 《사회의 합리적인 체제에 대한 강의》(1841). 이 작업은 순회 회의들, 신문 기사들, 전세계의 정치 지도자들과의 만남으로 이어진다. 오언의 전기 집필자 중의 한 사람인 모리스 도망제는 "런던 대사인 야코비 남작의 우호적인 발표에 이어, 프러시아에서 국왕은 내무부 장관에게 오언의 교육 사상을 지방의 정치 상황을 고려하여 국가 교육부에서 채택할 것을 권했다."[21] 혁명가의 형제이며 경제학자인 아돌프 블랑키, 플로라 트리스탕과 그외 사회 혁신에 관심 있는 많은 이들은 현장에서 로버트 오언에 의해 전파된 '새로운 교육학'을 연구하게 된다. 이 새로운 교육학은 아이들의 노동에 반대하고, 노동을 규제하며, 노동자들에게 존엄을 부여하고, 성의 평등을 위해 일한다. "남성과 여성은 서로를 향한 구체적인 애정을 가지게 될 때에만 서로 조화를 이루게 될 것이다. 이런 애정은 이들 각자에게서 어린 시절부터 배양될 탁월한 장점들에 비례해서 강해질 것이고 지속될 것이다."[22] 로버트 오언의 활동은 현실에 근거하며 확실한 변화로 나타난다. 그렇다고 해서 이것이 유토피아일까? 뉴하모니만이 유토피아적 실험의 장점들을 사용한다. 로버트 오언의 글들은 푸리에적인 이론화보다 개혁자들의 정치적 프로그램들과 더 근접하다.

1858년 거의 88세의 나이로 로버트 오언은 "휴식의 시간이 왔다"라는 말을 남기며 세상을 하직한다. 그런데 행복이 아니라 휴식이란 말인가?

4. 생 시몽, 예언자

"바로 이날까지 사람들의 미래는 문화와는 반대되는 길을 걸어 갔다. 그들은 늘 그런대로 과거에 고정된 시점을 가졌으며, 미래 에는 거의 눈길도 주지 않았거나 주더라도 겉만 볼 뿐이었다"[23] 라고 생 시몽은 말하고 있다. 그의 임무는 반대로 미래를 보고, 미래를 위해 일하는 데 있었다. 그런데 이 미래라는 것이 **산업적** 이며, 이미 잠재적 현재이기도 하다. 그는 자신의 사상을 전파하 고 설득하고 신봉자들을 모아야 했다.

생 시몽(1760-1825)은 공산당 기질이 농후한 사람이었다. 가 난한 귀족 가문 출신인 그는 자신의 첫 영성체 의식을 거부하는 데, 그 결과 생나제르에서 첫번째 감옥 생활을 겪는다. 체제에 반항하며 자신의 가정교사들에게 복종하지 않는 그는, 17세에 육군 소위가 되어 미국 독립 전쟁에 참여하여 워싱턴에게서 훈 장을 받는다. 자메이카에서 영국인들에게 잡혀 죄수가 되어 프 랑스에 돌아오나 권태로운 생활을 한다. 그는 네덜란드로 다시 떠나고, 그 다음에 스페인으로 가서 마드리드와 바다를 잇는 운 하를 구상한다. 제3세력의 편에 서서 클로드 앙리 보놈이라는 이 름으로 프랑스 대혁명에 참여해서, 국유 재산에 투자하여 많은 돈을 번다. 그는 독일·영국으로 가서 재정적으로 많은 학자들 을 도와 주다 파산하지만, 그를 부양하는 옛 시종의 도움으로 살 다가 이 시종이 죽자 다시 가난한 생활로 돌아간다. 그러나 이 모든 우여곡절들은 그에게 별로 중요하지 않다. 그는 자신의 작업들을 계속할 정도로 자기 안에 충분한 자료들을 가지고 있었다. 스위스 사건 이후——스탈 부인의 청혼을 거절한 일——그는 저술 활동을 한다. 세상의 역사와 세상을 개혁하는 방법들에 대해 쓴다. 그의 사상들은 영향을 미치게 되어 지지자들은 재정을 후원하며(특히 기부자들 가운데는 배우 프랑수아 조제프 탈마, 경제학자 장 바티스트 세,[24] 학자들로는 특히 들랑브르·퀴비에·베르톨레가 있다), 역사학자 오귀스탱 티에리, 사회학의 창시자 오귀스트 콩트는 그의 중요 조수들, '정신적인 후계자들'로서 스승이 죽은 후 '생시몽주의자들'로 불리게 될 이들과 곧 합류하게 된다.

자유주의자들을 혐오한 생 시몽은 미래는 **기업가들**에게 속한다고 확신한다. "산업 체제는 인류가 항상 지향해 왔던 체제이다. 이 체제는 최종의 체제가 될 것이다. 존재하고 있었던 다른 모든 정치 체제는 예비 체제로만 간주되어야 한다."[25] 점차적으로 모든 개인들은 이들의 실제 사회적 위치가 어떻든간에 산업 체제라는 유일한 분류 안에서 하나가 될 것이며, 노동은 결국 부의 유일한 자원으로 인정될 것이다. 귀족, 연금생활자, 타고난 비생산적인 자들의 기생적 생활관은 역사적 골동품 박물관에 전시될 것이다. **산업주의**와 함께 세상은 다시 조직된다. 가장 훌륭한 솜씨, 가장 창조적이며 가장 근면한 개개인들은 생산의 영역에만 갇혀 지내지는 않는다. 이들은 가장 중요한 정치적 입지를 담당한다. 바로 이런 것이 생 시몽이《어느 제네바인이 동시대인에게 보내는 편지》에서 제시한 것이다. 그는 이 글에서 보통 선거의 설립을 찬양한다. "나는 사회의 모든 계층들이 다음과 같이 조직되면 잘 지낼 것이라고 생각한다. 정신적인 권한은 학자들에게, 물질적인 권한은 소유주들에게, 인류의 위대한 지도자 역할을 완수하도록 부름받은 자들을 임명하는 권한은 모든 사람들에게, 위정자들에게 주는 월급은 신중을." 이런 생각들은 바로 1819년에 출간된 그의 《우화》의 중심 개념이기도 하며, 이 개념들로 그는 수많은 걱정거리를 안게 된다. "나는 프랑스가 최고의 물리학자 50명, 최고의 화학자 50명, 최고의 화가·건축가·의사들 50명을 잃어버린다고, 한 마디로 최고의 예술가·학자·장인들 3천 명을 갑자기 잃어버리게 된다고 가정한다. (…) 이들 모두는 프랑스에 가장 필요한 사람들이다. 프랑스에 최고의 영광을 가져다 줄 이들이며, 프랑스의 문화와 번영을 가장 빨리 앞당길 사람들이다. 프랑스가 이런 불행을 회복하는 데는 적어도 한 세대가 필요할 것이다. (…) 다른 가정을 해보자. 프랑스가 귀족과 왕가와 동시에 왕권의 수훈자들·대신들·법관들·장성들·추기경·대주교·주교·부주교·교회참사회원 도지사들·군수들·내각의 사무원들·판사들 모두, 그밖에 고상하게 살고 있는 자들 중 가장 부유한 1만 명의 지주들 모두를 잃는다고 가정하자. 이런 사건은 분명히 프랑스인들의 마음을 몹시 아프게 할 테지만 (…) 순전히 감상적인 측면에서만 슬픔을 야기할 것이다. 왜냐하면 이런 일로 국가는 어떤 해도 입지 않을 것이기 때문이다."[26]

1825년 출간되는《기업주들에 대항하는 새로운 모의에 대하여》에서, 스탕달은 이러한 선입견을 비웃으며 이같은 반귀족적인 개념을 조롱한다. 그렇지만 생 시몽의 이론은 인정된다. 1821년 루제 드 릴은《기업가들의 노래》를 작사 작곡한다.《생산자》라는 신문이 발행되고, 생 시몽의 분석들을 제시하며 연장시킨다. 여기에 실린 글들은 소중하게 모아져 출판된다:《산업 체제에 대하여》(1821-1822),《기업가들의 교리서》(1823-1824),《새로운 그리스도교》(1825).

생시몽주의자들은 이공과대학 출신의 기술자들·예술가들, 절충주의자가 아닌 지성인들, 독학한 장인들에서 나왔다. 이들은 비평적인 한 시대의 끝을 살고 있다고 확신하며, 이 시대와 함께 기독교와 인간에 의한 인간의 착취를 날려 버리고 평화·노동·유대감, 인류의 복지를 목표로 하는 기술과 과학의 진보의 세계로 들어가기를 확신했다. 이 새로운 사회적 종교는 인간의 통치를 사물의 관리로 대체한다. 임금을 받는 노동 대신 협동적 체제를, 소수의 특권 대신 모든 이들의 행복을, 개인적인 구원을 목표로 하는 기독교의 이기적인 고행 대신 지상의 행복을 찾는 것을 택한다.

그렇지만 분열들에서 피할 수 없는 적대감과 함께, 집요한 적대 관계와 원한의 급격한 폭발이 종종 일어나게 된다. 그럼에도 생시몽주의는 몇십 년 동안 지속되며 여러 나라로 전파된다. 이 세상에 '산업주의적 메시지'의 핵심을 심기 위해 많은 생시몽주의자들이, 예를 들어 그리스·터키·인도·알제리·이집트·라틴아메리카 등지로 떠난다. 사회적 구성에서 여성에게 중요한 위치를 부여하는 학설을 신봉하는 여성 생시몽주의자들도 아주 활발하게 활동했다. "여성은 남성보다 더 강할 것인가?"라는 질문에 '대부' 프로스페르 앙팡탱은 다음과 같이 대답한다. "종교적으로는 그렇지만, 정치적으로는 아니다." 그는 하느님의 남성적이고 여성적인 이중적인 본성을 확신하며 "인류의 구원은 여성에 의해 올 것이다"라고 주장하면서, "여성은 미래의 예언자이다"라고 덧붙인다.

그럼에도 생 시몽을 경청하는 이들은 한계가 있었다. "오늘날 우리가 민중들에게 얼마나 영향을 미치는지 알고 있다. 아무런 힘도 없다"라고 1830년 프로스페르 앙팡탱이 씁쓸하게 말한다. 세계의 모든 민중들을 산업주의적 사회주의로 이끌 수는 없었어도, 생시몽주의자들은 1848년 철도의 국유화, 유산 상속의 제한, 은행의 새로운 역할, 수에즈 운하의 건설을 추진하며, 대개는 과학적 발견들을 실질적으로 적용하는 것에 관심을 기울인다. 1826년 5월호 《생산자》에서 다음과 같이 말하고 있다. "모든 인문과학을 지배하는 일반적인 현상은 어떤 것인가? 사회적 이해관계에서 이루어지는 모든 산업적 작업의 협동, 다시 말해 조합·산업철학은 공동 목적을 위해 개인적 수단을 결합시키는 법을 찾는 것을 목적으로 해야 한다." 바로 이 점에서 생시몽주의자들이 실패했다. 그들은 대중들을 교화시키지 못했으며, 도처에서 이끌 수 있는 하나의 당을 통해 이들을 장악하지는 못했다. 오히려 남성들과 여성들의 덕성을, 새로운 종교에 대한 이들의 지지를, 감성의 미를 믿었으며, 인간이 되기 위한 끝없는 개선 가능성에 대한 믿음에 기대를 걸었다.

5. 샤를 푸리에, 천재적 창조자

분명히 이 시대의 유토피아 사상가들 중에서 가장 자극적이고 가장 상상력이 풍부한 샤를 푸리에(1772–1837)는, 생 시몽의 '새로운 철학자들'을 언제나 맹렬하게 공격하는 '오언파'와 달리 다양한 인간 특성의 대비를 만들어 낸다. 1829년《신산업 세계》에서 다음과 같이 쓰고 있다. "열정적 계열의 구조는 일치만큼이나 불일치를 필요로 한다. 이 구조는 특성·취향·본능·재산·요구·지식 등 서로 어울리지 않은 것을 사용한다. 하나의 계열은 대조를 이루거나 일정한 간격을 두고 나타나는 불평등만을 먹고 산다. 이것은 협력 또는 공감만큼이나 대립 또는 반감들을 요구한다. 음표를 허용하는 만큼 배제해야만 화음을 이루는 음악과 같다."[27]

생 시몽이 자신의 체제를 그 위에 세우게 될 이런 **조화**의 발견은 1799년부터 시작된다. 그해 그는 처음에 투기를 목적으로 저장해 놓았다가 썩어 버린 쌀을 바다에 버리라는 명령을 받았다. 그런 무모함에 그는 분노했으며, 오직 톱니만 존재하는 문명 세계의 경제 구조를 해체하기에 이른다. 자유 시장 경제 사회의 수많은 틈에 대해 질문하는 그는 매혹의 이론, 열정의 수락, 감정의 엄밀한 분석과 같은 이론을 구상하기에 이른다. "문명화된 민중이 **최소한**의 풍요를 즐기고, 음식과 품위 있는 접대를 누린다면, 이들은 문명화된 산업을 아주 혐오할 터이기 때문에 아무 일도 하지 않게 될 것이다. 그러므로 조합적 체제에서 노동은 오늘날의 향연이나 공연물이 그렇듯이 매혹적이어야 할 것이다. 이 경우 진보된 **최소한**의 풍요는 산업적 매혹이나 아주 즐겁고 아주 영리적인 노동에 대한 민중의 열정으로 보상될 것이다. 남성·여성·아이들 각자에게 자본·노동 그리고 재능이라는 세 가지 산업적 능력에 따라 지급되는 세 가지 배당금, 그리고 각자에게 충분히 만족스러운 배당금을 보장하는 공정한 분배 방식이 있을수록 열정은 유지될 수 있을 것이다."[28] 샤를 푸리에는 수많은 '사회개혁자들' 보다 벌써 앞서 나간다. 그는 '문화'——자신의 시대를 일컬음——에서 해방되어 열정이 자유롭게 표현되면서 각 개인을 행복으로 이끌 수 있는 '보장주의'로 가는 것이 가능하다고 확신한다. "유해한 열정을 수없이 느끼고 해소하는 것이 아니라면, 행복은 어떤 것인가?"라고 그는 질문한다. 문명화된 상태, 야만적이고 야생적인 상태에서 해방되지 않을 때 인간의 운명이 그러할 것이다. 이들의 열정들은 너무나 헤아릴 수 없을 정도로 많고, 너무나 혈기 넘치고, 너무나 다양해서 이런 열정들이 풍부한 사람은 자신의 일생을 일종의 지속적인 광기에서 살게 될 것이다.

샤를 푸리에는 자신이 도달해야 할 목표를 이렇게 제시한다. "열정들 또는 연속되는 집단들의 구조, 다섯 가지의 감각적 원동력 1 미각·2 촉각·3 시각·4 청각·5 후각을, 네 가지 정적 원동력 6 우정·7 야망·8 사랑·9 부성애와 일치시켜야 할 것, 이런 일치는 거의 알려지지 않았으며 제대로 인정받지 못한 세 가지 열정 10 **신비술**·11 **다양한 관심**·12 **합성**을 통해 이루어질 것이다."[29] 이처럼 **감성적인** 열정들은 5감각을 만족시키고, **정적인** 열정들은 우리와 다른 이들(친구·동료·애인·부모)과의 관계를 형성한다.

'분배적인' 이 세 가지 열정들은 그동안의 문화에서는 죄악·오류로 간주되었다고 샤를 푸리에는 비난한다. "철학자들은 10 신비술적 정신은 죄악(술책, 일탈과 관련된다)이라고 주장한다. (…) 이들은 마찬가지로 나비라고 명명된 자신의 즐거움을 다양하게 하려는 욕구, 이 즐거움에서 저 즐거움으로 날아다니는 욕구인 11을 비난한다. 그리고 합성이라고 명명된, 동시에 두 가지 즐거움을 맛보고자 하는 욕구로 그 혼합을 통해 환희로까지 이르게 하는 도취인 12를 비난한다."[30]

샤를 푸리에가 설명하는 사회는 국가를 인정하지 않으나, **팔랑스테르**(푸리에식의 공동생활체 조직)는 조화를 보장하는 열정의 다양한 조합들을 활용한다. 행복은 오히려 불평등과 이를 충실히 하는 것을 필요로 하기 때문에 평등은 전혀 추구되지 않는다. 노동은 같은 일에 두 시간 이상 일하지 않는 한에서 즐거움의 원천이 될 수 있다. 교육은 개인을 완성하는 데 있지 않고, 개인의 특성을 밝혀내는 일을 책임진다. 앙드레 브르통이 이런 사회 개념에 열광하게 되며, 감동적이고 훌륭한《샤를 푸리에에게 바치는 오드》(1944)에서 이 점을 노래한다.

> "더 이상 아무것도 자라지 않지만
> 나무와 새의 해방을 호소하는
> 광장한 섬광들이 소용돌이치며 돌아다니는
> 화석화된 인간 문화의 숲에 대해 나는 당신에게 경의를 표한다
> 연금술의 돌을 자유롭게 사용하는 당신은
> 인류에게 그것을 내미는 당신의 처음 동작만 주의하기 때문에
> 당신의 손가락에서 꽃이 만발한 나무들의 진액이 나온다
> 그러나 인류와 당신 사이에는 어떤 중재인도 없다
> 당신이 팔레루아얄의 정원에서 한 시간 동안
> 확신을 갖고 이 일을 기다리지 않는 날은 하루도 없다
> **마음을 끌어당기는 힘은 운명에 비례한다**
> 오늘 내가 당신에게로 향한 믿음 속에서"[31]

이 초현실주의 시인은 유례 없는 창시자에게 경의를 표할 뿐만 아니라 자신도 동조함을 분명히 밝힌다. 열정에 우선권을 주는 것, 모든 인간적 태도에 대한 존경, 이러저러한 행동에 대한 판단의 거부, 즐거움에 대한 호소, 상상계 문화, 이 모든 것은 동료들과 함께 기만과 위선이 지배하는 물질주의적 사회와 관계를 끊고자 하는 앙드레 브르통을 유일하게 만족시킬 수 있는 것이었다. 선과 악의 끝없는 이분법을 거부하면서, 에로스와 타나토스의 프로이트적인 대립을 혼란에 빠뜨리면서, 즐거움의 원칙과

현실의 원칙을 구사하면서, 상상계의 반발을 호소하면서, **자동기법**과 **콜라주**를 격찬하고 **객관적 우연**과 **경이**를 존경하면서, '나무 불의 머리를 한' 여성-뮤즈를 찬양하면서, 초현실주의는 푸리에주의자가 되기를 원한다. 우리의 창시자를 불편하게 하지 않을 후계자들이다. 샤를 푸리에가 '하루 동안, 마르세유를 떠나 리옹에서 점심을 먹고, 파리에서 저녁을 먹게 하는' 반사자와 같은 이상한 동물을 상상했다는 점을 잊지 말자. 또한 그가 북극 지역을 덥게 하며, 바다에 레모네이드 맛을 나게 하는 북극의 코로나의 존재를 공표했다는 사실도. 앙드레 브르통은 《오드》에서 계속 이렇게 예언한다: "사람들은 푸리에를 무시했지만 언젠가 이들은 좋든 싫든간에 당신의 치료약을 시도해야 할 필요가 있을 것입니다."

샤를 푸리에의 책들 《인간의 사회적 운명과 4가지 운동의 논리》(1808), 《보편적 단일성의 이론》(1823년 《가정적·농업적 사단론(社團論)》이라는 제목의 아홉 권 중 두 권을 출판했다), 《신산업 세계》(1829), 그외에 수많은 텍스트·단편·초고들이 사후에 알려지게 되며, 그 중에서 《사랑의 신세계》(1867)가 유명하다. 이들 작품들은 완전히 자유로운 사회의 설립을 목표로 하는 제안들이 무궁무진한 광산을 형성한다. 이런 믿을 수 없는 과도한 자유는 수많은 검열자들을 당혹케 할 수 있었다. 그래서 샤를 푸리에의 글들은 때때로 단순화되고, 어느 정도는 교훈적인 세속성의 희생물이 되었다. 이 글들의 토대가 되는 기본 원칙, 모든 열정들은 떳떳하게 공언할 수 있게 되고, 그렇게 살아야 한다는 것은 혁명적임에 틀림없다.

에로티시즘과 성 본능의 영역에서 모든 타락은 가능하며, 모든 환상은 인정되고, 모든 열정은 생각할 수 있다. 그만큼 그에게 있어서 성 본능은 순수하다는 것이 진실이다. 남성과 여성간의 21분의 1의 차이를 감안하여 푸리에에 의해 계산된 인간의 8백10가지의 특성들을 모으기 위해서 이상적인 팔랑스테르의 주민수는 1천6백20명이며, 그 중 남성은 8백30명, 여성은 7백90명이다.[32] 이사회는 생산된 부의 분배를 감독한다. "모든 이익들은 개인적이다. 이사회는 부부, 아버지와 자식들간의 어떠한 공동체도 인정하지 않으며 각 회원들을 따로 대우한다. 아이들은 4세부터 자신들의 몫을 별도로 가진다. (…) 아이들은 자신들의 작은 이익을 소유한다." 팔랑스테르를 '성공적으로' 작동시키는 것은 바로 열정이지, 우리 사회에서처럼 욕구·의무·구속·이성이 아니다.

6. 희망의 지리학

샤를 푸리에의 수제자인 빅토르 콩시데랑(1808-1893)은 스승의 사상들을 대중화하는 데 그치지 않으며, 팔랑스테르를 실제 규모로 실험한다.

장모 클라리스 비구뢰[33]의 재정적 후원으로 이 젊은 파리 이공대 출신은 약 6백 명의 소작인 조합자들을 맞을 수 있는 이주지를 열기 위해 1832년에 콩데 쉬베그르에 땅을 구매한다. 일이 잘 진척되지 않았지만 완전한 실패를 피하기 위해, 보데 뒬라리 박사는 자신의 재산 대부분을 여기에 바친다.

1846년 이 계획이 새로이 다시 시도되지만 전처럼 성공하지 못한다. 1850년, '조합적 가정'으로 구성된 이주지에 결코 개인의 자유를 희생시키지 않고서도 "공동 생활의 몫을 늘리면서 가사노동과 가족 노동을 분담하는 남성과 여성 모두를 주거시킨다."

1853년, 콩시데랑은 미국으로 가서 텍사스를 방문한다. "나의 생애가 걸려 있는 이 작업의 실현이 바로 그곳에 있다. 그래서 나는 그곳에 간다." 그에게 그곳은 새로운 실험에 적합한 장소로 비쳐진다. 그곳은 곧 굉장한 경제적 발전을 이루어 낼 장소이다. 그러므로 지금 그곳에 거주하고, 이런 예외적인 개발을 활용해야 한다.

푸리에의 사상에 동조한 난로 제작자 J. B. 앙드레 고댕(1817-1888)은 이 작업들의 재정 지원에 참여한다. 1854년, 달라스에 한 무리의 소작인들이 거주하게 되며, 다른 소작인들이 휴스턴에 자리잡게 된다. 1855년 달라스 집회에 1백28명의 소작농이 모이고, 휴스턴의 농장에는 12명 정도의 소작인들이 모인다. 그러나 물질적·기후적·기술적 어려움들은 '통합 단체' 결성을 방해하는 요인이 된다. 수많은 실패들을 겪고 난 후, 1874년에 이 공동체 집단은 해체된다. 그 사이 고댕은 자신의 **생산협동조합**의 계획을 구상했으며, 이것을 자기 공장들 가까이, 엔 지역의 기즈에서 건설하기 시작했다. 일종의 사회적 궁전인데, 그곳에서 노동자들은 그 시대와 비교해서 놀라울 정도의 안락함(채광이 아주 잘된 아파트, 주방, 화장실, 층마다 설치된 수도, 쓰레기 투기문, 다양한 소비협동조합, 학교, 극장, 수영장, 작업할 수 있는 뜰)을 누린다. 그러나 점차적으로 '사회적 해결책들'(1871년의 자신의 저서 제목을 다시 취함)에 대한 자신의 개념을 가다듬은 고댕은 텍사스의 경험들에서 다양한 교훈들을 이끌어 낸다.

각각의 소작인에게 매혹적인 노동을 제공한다는 것은 그것이 바람직한 공동체의 환경이라도 즉각 가능하지는 않다. 도착하는 이들의 열정에도 불구하고 실생활은 그에 이르지 못했다. 고댕은 관리자이면서 동시에 상상력이 풍부한 진정한 책임자의 부재가 이런 경영에 치명적임을 깨닫게 된다. 인정된 권위를 존경하고 효과적인 위계 질서를 받아들이는 일이 계획을 실현시키는 성공의 조건이었다. "내가 세우고자 한 것은 팔랑스테르가 아니다. 생산협동조합이 내포하는 것은 일련의 사람의 마음을 끄는 일이 아니다. 내가 시작했던 것은 행복의 실현이 아니다. 그것은 노동자 계층의 고통을 약화하는 것일 뿐이었다. 적용의 한계들과 노동의 결과물들의 공평한 배분에 있어서의 한계들 속에서 내가 이들을 위해 만들어 내고자 한 것은 육체적이고 정신적인 복지이다"[34]라고 이 기업가는 밝힌다. 고댕은 더 이상 환상을 품지 않는다. 그는 실용적인 사람이며, 본보기의 힘을 믿는다. **생산협동조합**의 참여자들은 지도자가 설립자에 의해 정해진 규칙들을 택하기만 한다면, 모든 이들에게도 가능한 지도자가 되기 위해 따라야 할 길을 보여 줄 것이다. **공정함**은 찬양된다. **의무**

는 권리이다. **노동**은 사회적이며 실존적인 체계의 열쇠가 된다. 노동은 노동자의 모든 장점들을 앙양시킨다.

고댕의 시도는 특히 성취적이며 새롭다. 이러한 경제적 성공은 자신의 생산협동조합을 '재정 지원'하게 한다. "현대 산업이 임금노동자, 자유 노동을 창조해 내면서 노동자의 상황을 바꾸었다면, 미래의 산업은 복지와 집단적 소유권을 요구하면서 노동자의 참여와 해방을 실현시켜야 한다. 바로 이것이 오늘날 자본이 시도할 수 있는 일 중 가장 아름답고 성스러운 일이다. 이것이 사회의 안녕과 모든 사회 계층간의 형제애를 위한 진정한 길이다."[35] 이것이 유토피아일까? 차라리 엄격하고 도덕적인 산업적 **휴머니즘**이 아닌지.

러시아에서 니콜라이 체르니셰프스키(1828-1889)는 1863년에 샤를 푸리에의 사상에 영감을 받은 소설《무엇을 할 것인가?》를《새로운 인류》라는 의미심장한 부제와 함께 발표한다. 여주인공 베라 파브로나는 이전 사회의 모든 구속에서 자유로워진 새로운 삶을 위한 이상적인 장소를 상상한다. 그것은 "완전히 기술적 진보에 의해 자동화된 팔랑스테르이다"라고 알랭 브장송이《레닌주의의 지적 기원들》[36]이라는 자신의 저서에서 밝힌다.

이들 가운데 한 사람은 이렇게 고백한다: "나는 술 한 모금도 마시지 않는다. 나는 어떤 여성과도 접촉하지 않는다. (…) 이렇게 해야 한다. 우리는 남성들을 위해 삶의 완전한 즐거움을 요구한다. 그리고 바로 우리의 삶을 통해서 우리 자신의 개인적인 열정을 만족시키기 위해 그것을 강요하지 않음을, 그리고 이런 일이 우리를 위해서가 아니라 일반적으로 남성들을 위해서 하는 것임을, 우리가 말하는 모든 것은 원칙에서 오는 것이지 편견에서 오는 것이 아니며, 신념에서 오는 것이지 개인 사정에서 오는 것이 아님을 입증해야 한다." 지복천년설의 스파르타적인 이런 개념을 《지하생활자의 수기》에서 고발하는 도스토예프스키는 전문적인 혁명가에 대해 "이 자는 미쳤다. 환상가이다. 게다가 위험하기까지 하다"라고 하면서 자신의 관점을 분명히 밝힌다.

니콜라이 체르니셰프스키의 소설 제목을 자신의 유명한 정치 평론 《무엇을 할 것인가?》(1902)에서 빌려 쓴 레닌은, 그 소설을 열정적으로 읽었다고 N. 발렌티노프에게 털어놓는다: "나는 며칠이 아니라 몇 주일 동안 그 책에 빠졌다네. 그리고 나서야 그 책의 깊이를 이해했어. 그 책은 나를 바닥에서부터 꼭대기까지 철저히 파헤쳤다네." 레닌만이 그런 것은 아니었다. 수많은 예술가들·건축가들이 그랬고, 1917년 10월 이후의 정치를 이끌어 간 자들도 체르니셰프스키의 세계를 선택하게 된다.

이런 다소간 행복한 실험들 옆에서, 푸리에주의는 흥미를 가질 만한 몇몇 낭만적인 실험들을 겪었다. 프랑스에서 외젠 쉬는 《방랑하는 유대인》(1844-1845), 《업둥이 마르탱》(1846), 사교학교의 원칙들인 《일곱 가지 중요한 죄》(1847-1849)를 발표한다. 에밀 졸라는 똑같은 목적으로 《노동》(1901)을 쓴다. 그의 습관대로, 이 소설가는 기즈의 생산협동조합 방문시 누아로 같은 이의 안내를 받아 조사하고 참고 자료들을 수집한다. 그는 '수치스럽고' '불공정한' 임금제를 폭로하고, 더 나은 세상을 꿈꾸는 소설

속의 집단주의자인 보네르를 통해 '사회 문제'를 보조 기금, 도
서관, 급식 시설, '쓸데없는 미봉책들'로 해결할 수 있다고 믿는
슈나이더 가문이 크뢰조에서 실행한 기업주 방식의 가족온정주
의를 비웃는다. 이 소설은 이렇게 끝난다. "그래서 뤽은 마지막
으로 도시, 지평선, 그에 의해 시작된 발전이 퍼져 나가고 완성
되어 가고 있는 땅 전체를 둘러보았다. 작품이 완성되었다. 도시
가 건설되었다. 뤽은 숨을 내쉬었고 세상에 대한 사랑으로, 영원
한 삶으로 마음이 온통 뜨거워졌다." 화해를 이룬 인류에게 사람
들은 미소짓는다……. 착취당한 자들의 비참이 고발되어짐을 본
수많은 이들처럼 사람들은 이 책에 동조한다.

　19세기를 풍미하며 유럽에 알려진 혁명적인 급격한 감동 속에
서 정기적으로 나타나는 것이 바로 이러한 지복의 이미지이다.
브누아 말롱은 이 이미지의 중요한 단계들을 상기시킨다. "뷔오
나로티는 벨기에와 모든 라틴 국가들에 혁명적 공산주의의 씨앗
을 뿌렸다. 생시몽주의는 리보르노의 훌륭한 애국자인 몽타넬리
에 의해 소개되면서 이탈리아에서 강력한 힘을 발휘했다. 브뤼
셀은 가티 드 가몽 부인이 중심점이 되었다. 푸리에주의는 유럽
대부분의 대도시로 퍼져 나갔다. 로잔·제네바·취리히·피렌
체·제노바·바르셀로나·마드리드·포르투갈에 활동적인 그룹
들이 있었다. (…) 거의 모든 작가들, 사회주의를 대중화한 이 시
대의 거의 모든 사회주의자들, 특히 벨기에인: 데뫼르·아델송
카스티오·프로스퍼 에스랑·제라르·마티외·스필토른, 스위스
인: 그리스 트라우트·칼 부르크리, 스페인인: 요하임 아브레

우·마누엘 사그라시오 드 벨리, 이탈리아인: 다니엘 레비, 덴마크인 프레데릭 드라이어는 프랑스학파의 한 부류로 또는 바이틀링의 경우처럼 그들간의 다양한 절충적인 혼합으로 유명한 이들이었다. (…) 프랑스의 구호는 거기서 멈추지 않았다. 대서양을 건너, 이미 로버트 오언이 공산주의식 협동을 들여놓았던 북아메리카에서 푸리에주의는 앨버트 브리즈번과 호레이스 그레슬리와 더불어 37개의 실험 팔랑스테르를 계속 설립함으로써 입증된다.”[37]

얼마나 희망에 찬 세계 지도인가!

III

불가능한 유토피아

19세기의 유토피아주의자들은 계몽주의와 프랑스 대혁명의 정신에서 당연히 전파되고 세계에 적용될 수밖에 없는 보편적인 법칙들에 대한 믿음을 이어받는다. 이것이 알제리의 식민화에 대한 이들의 열정을 설명하는 한 가지 이유이기도 하다. 우리가 상상할 수 있듯이 빠르게 사라진 열정이기도 하다. 이들이 철도의 확장을 찬양하는 것도 이런 이유에서이다. 이 새로운 운송 수단은 사람들을 통일시키고 세계간의 일치에 사용된다.

앨프레드 드 뮈세는 〈뒤퐁과 뒤랑〉(1838)에서 이러한 희망을 비웃는다. 이 시에서 한 이가 다른 이에게 자신의 세계관을 실토한다.

"어쨌든 친구여, 시골에서
숲도, 골짜기도, 산도 보지 못하게 될 것이오……
두 개의 철길 위로 난 멋진 길이
파리에서 베이징까지 나의 공화국을 둘러칠 것이오……
세계는 대접처럼 깨끗하고 반듯할 것이오
휴머니즘이란 것이 이것을 자신의 식기로 쓸 것이오

그리고 면도가 잘된 지구는 수염도 머리카락도 없이

커다란 호박처럼 하늘에서 굴러다닐 것이오.”

　이런 지구의 일치에 도달하기 전에 유토피아주의자들은 여기저기에 그들이 바라는 공동체 사회를 심는다. 혁명보다 개혁을 선호하면서——평화주의자 에티엔 카베[38]의 선택을 기억하자——이들은 계급간의 투쟁을 믿지 않으며, 사회적 보복과 법규 규정을 거부한다. 이들은 자유를 자주 축소시키는 평등보다 조화에 더 기대를 걸며, 구체적으로 유토피아들을 실험한다.

　카베의 원칙들——살기와 일하기[39]——에서 직접 영감을 받은 일리노이 주의 노부에 자리잡은 **새로운 이카리아**에서, 68년 5월 이후의 좌파적인 공동체에 이르기까지 수많은 장소들에 수많은 자원 ‘모르몬교도들’ 의 정성이 쏟아졌었다. 이들은 어떻게 되었는가?

1. 내부에 깃든 붕괴의 조짐

　‘다르게 살기’ 의 모든 시도들은 실패라는 공통점이 있다. 그들간의 이념상의 괴리, 방법상의 차이, 다른 목적이 무엇이든간에 유토피아 사회의 실현들은 이들의 미완성, 선장의 난파, 뜻밖의 성 문제, 일과 후의 문제와 같은 똑같은 장애물에 부딪힌다.

미완성의 유토피아

　무엇보다 유토피아 실현의 **미완성적**인 점을 살펴보자. 유토피아는 집단의 연장된 생존을 허락하지 않으며, 이런 삶을 재현하고 발전시키는 것은 더욱 아니다. 역설적으로 이런 미완성은 통합적 유토피아의 반전체주의적 성향을 보장해 준다. 상상 위에서의 멈춤은 수치스럽고 끔찍한 끝에서 유토피아를 구해 준다. 유토피아에서 시간은 불필요하고 부정되며 지속되지 않을 것이다.

　실현된 유토피아는 역사에서 벗어난다. 유토피아의 운명은 조화롭게 반복의 형태들과 완결을 결부시키는 것이다. 영원히 변치 않는 대리석 속에서 출발 때의 자세 그대로 고정된 것처럼 더 이상 엉뚱하게 울리는 부정음은 없다. 멈추어진 유토피아의 시간은 너무나 절대적이어서 평온하게 쉬고 있는 호수의 표면, 그러나 곧 권태로워지는 호수, 특히 일상적인 호수와는 닮지 않은 호수 같다고 할 수 있을 것이다. 삶은 소용돌이·폭풍·이탈들로 이루어진다.

　유토피아가 성공한다고 가정하자. 사용 방법이 명백한 조립식 탁자처럼 열심히 튼튼하게 유토피아를 세운다. 유토피아가 잘 작동하지 못하고, 허덕이게 되고, 불규칙적으로 발전되며, 지진아들을 기다리기 위해 멈추어야 하고, 화학적 조제처럼 용해된다고 가정하자. 도중에 실패하거나 성공하는 것, 이 두 가지에서 양자택일할 수밖에 없는가? 샤를 푸리에는 각각의 팔랑스테르가 자신의 리듬에 맞추어 공동의 목표를 향해 나아간다고 간주하기 때문에 부분적 성공을 상상한다. 그래서 그는 전세계를 다 팔랑스테르로 꽃피우려는 생각은 없었다. 그는 참가자들에게 내재된 한계들을 고려한다. 그의 유토피아는 관대함을 갖추고 있다.

유토피아를 분쟁도, 경련도, 예상할 수 있는 후퇴도 없는 어떤 '다른 곳'으로 생각한다면 그것은 역사가 빠진 세상이 된다. 시간은 똑같이 줄기차게 반복된다. 바로 거기에서 배우들은 모의 연극에서 가능한 한 어떠한 극적인 변화도 없이 자기 역할의 중요성을 부각시키는 것들을 찾아내는 일만 한다. 그러한 유토피아에서 '사회 조직'은 스스로를 다시 갇히게 만든다. 세상은 갇혀 버린다. 더 이상의 희망은 없다.

대부분의 혁명가들과는 달리——마르크스주의자들을 포함해서——샤를 푸리에는 역사를 연대기적 전개로 보지 않는다. 연대기적 전개란 사회의 여러 '상황들'이 연속적이고 반복적인 진보 속에서 서로 영향을 미치면서 이어진다고 보는 관점이다. 예를 들어 마르크스는 인류가 반드시 네 가지 생산 양식을 거친다고 본다. 그 다음 결핍의 구속 상태에서 벗어나 인간은 자신과 화해하고, 더 이상 어떤 소외도 겪지 않는 제5생산 양식인 자유가 실현된 세계 속에서 꽃피운다. '원시적 공산주의' 다음에 흑인 노예 제도를 지지하는 체제(고대의 생산 양식)가 나타난다. 이는 '봉건 제도'를 준비하며, 봉건 제도는 '자본주의'를 잉태한다. 자본주의는 적어도 상인·기업가·재정가의 세 가지 '시기'가 있다. 자본주의는 공산주의로 귀착된다. 자본주의에서 공산주의로 가는 전이의 시기는 '사회주의'로 불리고, 부의 모든 생산 수단과 분배 수단을 공유화한다. 국가는 역설적으로 강화되는데——중앙 집중 계획은 '경제를 합리적으로 조직화한다'——이는 점점 더 '자주적으로 관리되는' 사회 속으로 더욱 잘 용해되기 위해서이다. 어느 정도 엄격하고, 몇몇 제자들에게는 단정적인 이런 도식들에 이러저러한 수정을 첨가하거나 삭제할 수 있다. 자세하게 설명하지는 않겠지만, 예를 들어 마오쩌둥주의는 투쟁적이고 혁명적인 농민——그때의 노동자 계층은 아주 소수였다——을 토대로 하는 사회주의를 즉시 세우기 위해 완숙기의 '자본주의' 단계를 뛰어넘을 것을 고안한다. 다른 이론가들은 '동양적 생산 양식'을 '발명'했다. 오히려 푸리에에서 '미개 상태' '야성미' '가부장제' '문명 상태(그에게는 현대 사회를 의미함)' '보장주의' '조합자간의 조화'는 실제로 같은 역사 시기 동안, 그리고 같은 개인의 마음에 공존할 수 있다. 이들의 조합은 예외적인 다양성을 보여 준다. 정확히 말해 같은 경제 구조에 의해 지배되고, 같은 집단주의적 이념 위에 세워진 동일한 형태의 사회를 구성하지 않도록 한다.

선장의 난파

실패한 유토피아는 역사와의 이런 애매한 관계에다 선장의 난파가 또한 문제가 된다. 실제 실현된 유토피아는 강한 카리스마를 지닌 지도자의 의지·무모함·집념 덕분에 존재한다. 우리는 J. -B. 앙드레 고댕과 함께 이미 살펴보았지만, 고댕은 달라스의 이주민 집단의 표류와 부진을 이런 이름에 맞는 책임자, 효율적이고 근면한 지도자의 부재로 인한 것이라고 설명했다. 지도자가 없는 유토피아란 장군이 없는 군대와 같다.

힘을 북돋워 주고 모을 수 있으며, 공동체의 여러 텍스트들 또는 글들에 집약된 메시지(노래를 포함)에 의미를 다시 부여할 수 있는 지도자의 권위는 이 험난한 시도가 성공하고 연대성을 확실하게 유지하는 데 있어서 중요한 요소이다. 지도자가 떠나거나 힘을 잃게 되거나, 논쟁이라는 더 나쁜 경우가 일어나는 것은 이들 집단에게는 진정 비극이다. 고댕의 죽음에서 68개 공동체의 지도자–주동자의 약화(또는 보충)에 이르기까지 그 결과는 같다. 더 이상 '대부'(생시몽주의자들이 프로스페르 앙팡탱을 부르는 이름)도 선장도 없다. 가족은 흩어지고 분열되며, 각자 고아처럼 느낀다. 누구도 나아갈 방향을 가리켜 주지 않아 배는 컴컴한 대양에서 길을 잃는다.

선장이라는 카리스마적인 인물과 함께 우리는 유토피아와 예언, 사회적 비평과 종교적 소명 사이에 존재하는 유사성을 평가할 수 있다. 원하든 원치 않든 한 공동체의 지도자는 예언자처럼 행동한다. 그는 설명하고, 정당성을 증명하고, 예견하고, 예를 들어 두 '형제' 간의 분쟁을 검토한다. 그는 찬성과 반대를 숙고하고, 결단을 내린다. 모두 그 결과에 만족한다. 자신의 말로 진정시키거나 판결을 내린다. 종종 '유토피아 초심자들'은 그의 음성·손짓·용모를 모방한다. 모방은 원칙들에 대한 신념이나 부여된 규율처럼 조합자로 이루어지는 체계를 강화시킨다. 대체로 지도자는 가장 나이가 많거나 자신의 생각들과 일치하는 참고 이론에 가장 정통한 사람이다. 창시자의 모습은 현자의 모습과 겹쳐진다. 토머스 모어·에티엔 카베, 그리고 다른 많은 사회개 혁자들은 자신들 눈에 비할 데 없는 삶의 경험을 갖고 있다고 비쳐지는 고참의 조언에 의지한다. 그들은 '경험이란 아무 쓸모가 없다!' 라는 중국 속담의 참뜻을 몰랐던 것이다.

　권한과 이에 따른 위임·대표성·특권·실행 방법·한계·합법성은 유토피아의 정치에서 중요하다. 이런저런 사회 계획을 위해 어떤 체계가 필요한가? 유토피아주의자들이 선호하는 것이 공화파의 이상이다. 이들 대표자들——선출되었거나 임명된 남성과 여성들——은 새로운 '특권층' 이 권력의 고삐를 독점하지 않고 주민 공통의 이익을 빼앗지 못하도록 정치 기능을 교대로 행하기를 권장한다. 이런 적절한 예방 조치에도 불구하고 유토 피아가 보여 준 '본보기들' 은 가장 헌신적이고 가장 능력 있는 이들의 업적을 인정하고 보상한다. 이처럼, 예를 들어 법과 정치에 대한 지식을 가진 이들은 거의 '자연적으로' 전체의 이해 관계 속에서 책임자로 지명된다. 그런 방식의 불완전성과 탈선을 생각할 수 있다. 공적 자산을 배려하는 동시에 개인적 이익을 관리하는 것은 많은 어려움도 있다. 그 역도 마찬가지이다. 지도자의 독단성, 또는 일종의 능력주의 사회로 인한 전체주의를 견제하기에 꼭 필요한 난간들을 어떻게 설치할 수 있는가? 유토피아를 쓴 책에서든 그것을 실현시키고 있는 곳에서든 어디에서도 이것에 대한 해결책을 보여 주지 않는다. 권력의 문제와 거기에 따른 제약·책임·권리·의무·계약·일치의 문제는 전적으로 남아 있다. 유토피아 이론가들은 자신들이 알고 있고 분석할 수 있는 실제 상황에 대해서만 영감을 얻을 수 있다. 이들 중에서 가장 상상력이 풍부한 샤를 푸리에조차 권력의 문제에 관해서는 언급하지 않는다. 사실상 그는 그 질문의 방향을 빗나가게 했기 때문에, 아니 더 정확히 말해서 질문의 성격을 바꾸었기 때문에 답할 수 없다. 권력은 더 이상 팔랑스테르 사회의 기본 단위인 팔랑즈의 조직에서 최종 목표가 되지 못한다. 권력을 대체하는 것이 바로 열정들이기 때문이다. 남자든 여자든 명령의 열정을 갖고 있는 자들은, 어떤 식으로든 자신의 이웃을 지배하지 않는 한에서 거기에 전념할 수 있을 것이다. 바로 이 점이 중요한데, '조화로운' 한 집단은 무엇보다 '완전히 자유로운 결합'이며, 그 구성원들은 '하나 또는 여러 개의 공통된 애정으로 연결되기' 때문이다. 팔랑즈의 모토는 "자신의 열정에 전폭적으로 내맡길 때 각자는 행복으로 나아간다"이다. 한 사람의 지도자에 복종하는 것은 더 이상 권력을 존경하는 것이 아니며, 자신의 열정들을 배우는 것이 중요시하고——바로 거기에서 새로운 세상의 개념에 있어서 교육의 중요성이 강조된다——, 즐거움들을 폭넓게 선택할 수 있는 것이 중요하다.

성이라는 뜻밖의 복병

자유롭게 나누어진 성 역시 유토피아 집단의 다양한 구성원들간의 분열과 갈등, 분쟁과 화합의 근원이 된다. 토머스 모어에게서 "소녀가 결혼 적령기가 되면 남편을 정하며, 그녀는 그와 함께 살게 된다." 그러나 유토피아주의자들은 맹목적으로 결혼하지 않으며, 더욱 잘 선택해서 모든 실망을 피하도록 서로를 완전히 드러내어 관찰한다. "이혼은 거의 허락되지 않는다." 그리고 "간통은 가장 순수한 속박을 보호하는 차원에서 단죄된다." "간통의 재범은 죽음으로 단죄된다." 결혼 관계를 떠난 사랑에 관한한 엄격하다.

생시몽주의자들의 체제에서 자유 결합은 기본 체계에 속한다. 1832년 그들의 신문인 《글로브》에 이런 예측이 기록되어 있다. '지구상에서 여태껏 보지 못했던 것을 보게 될 것이다. 남자들과 여자들은 이제껏 겪어 보지 못했던 말로 다할 수 없는 사랑으로 결합하는 남녀들을 보게 될 것이다. 이런 사랑은 소원해지지도 않으며, 질투도 모를 터이기 때문이다. 남자들과 여자들은 여러 명과 사귈 수 있게 될 것이며, 손님이 많아 선택의 폭이 넓어지는 최고의 연회에 참석한 것과 같을 것이다.

이제 결혼은 더 이상 부르주아 사회에서처럼 합법적인 매춘, 남자만의 즐거움에 내맡겨진 여성의 전적인 순종이 아니라 축제와 사랑의 맹세, 환희와 참여가 될 것이며, 이혼을 통해 끝내는 일도 가능해질 것이다. 여성도 자유로워질 때에야 인간이 진정 자유로워질 수 있다는 신념은 수많은 출판물들·노래들·의식들의 자양분이 되며, 생시몽주의자들은 이런 것들을 확산시키려고 노력한다. 그렇지만 아버지 옆에서 생시몽적인 가정을 이끌어 갈

어머니를 찾는다고 해서 새로운 신입 당원을 매혹시킬 수 있는 아버지의 매력과 카리스마의 효과는 사라지지 않을 것이다. 대립은 가정이 분리될 정도로 진전될 것이다——법정 소송이 벌어지기까지 했다——그리고 '여성해방주의'의 이상이 꼭 생시몽주의자는 아닐지라도 다른 남녀 당원들에 의해 다시 대두된다. 거의 신비주의에 가까웠던 몇몇 생시몽주의자들은 성과 조화롭게 공존할 수 없었다.

샤를 푸리에는 동시대인들의 위선을 고발한 점에서 이들보다 훨씬 앞선다. 그는 선과 악의 구분에 기반을 둔 모든 도덕을 비난한다. 그에게 있어서 도덕은 개성을 학대하고, 개인을 군대식으로 이끌어 가며, 자신의 욕구를 억제하고 욕망을 저지하는 데 사용되는 '분으로 치장한 폭력'일 뿐이다. "의무와 대립될지라도 억제할 수 없는 매혹은 이런 세이렌과 타협해야 한다. 그리고 우리의 법칙들을 말해 주는 대신 우리들을 매혹하는 이들 바다 요정들의 법칙들을 연구해야 한다"[40]라고 그는 쓰고 있다. 그러나 푸리에는 생시몽주의자들과는 반대로 이런 일이 미치는 엄청난 파장을 잘못 생각하지는 않는다. 그는 풍속의 해방과 남성과 여성간의 평등은 오랜 수습 기간을 지난 후에야 이루어질 것이며, 우선 남성을 해방시켜야 한다고 말한다.

이 분야에 관한 한 눈에 띌 만한 진전은 전혀 이루어지지 않으며, 몇몇 팔랑스테르의 전유물로 남게 된다. 샤를 푸리에는 자신의 글들에서 처음으로 개개인의 성의 양면성을 강조하는 이들 중의 한 사람이다. 남성에게는 '여성적인 면'이 있다. 그리고 그 역도 마찬가지이다. 그는 매혹에 깃든, 모든 사람들에게 있는 감정의 사회적 중요성을 보여 준다. 그래서 그는 20세 소년들과 50세 여성들간의 결합을 구상하며, 노인들간의 성적 관계를 고찰한다. 그는 하모니에서 '최소한의' 성적 즐거움이라고 명명한 것이 보장된다고 찬양한다. 각자는 자신의 나이, 용모, 별난 태도, 육체적 이상이 어떻든 이런 최소한의 즐거움에 대한 권리가 있다. 중요한 것은 욕구불만을 없애는 데 있다. 적어도 즐거움을 얻지 못하는 데서 오는 불만을 없애는 것이 중요하다. 이러한 최소한의 성적 즐거움이 보장되는 한, 성욕을 자극하는 관계와 감정적인 관계들은 발전될 것이며, 분명히 다양해짐을 알게 될 것이다. 셀라동(오노레 위르페의 소설《아스트레》에 나오는 순결한 연인)의 사랑은 더 이상 우스꽝스럽지 않을 것이며, 간통은 더 이상 죄악이 아닐 테고, '금지된' 사랑(동성애)과 난교 파티는 팔랑스테르의 성적 범주 안에서 제자리를 찾게 될 것이다. 샤를 푸리에가 《오쟁이진 남편에 대한 논설》에서 오쟁이진 남편의 유형들 83종류를 모아 놓았지만, 하모니에서 연인들간의 결합 방식들은 셀 수 없으며, 이들 대부분이 우리 사회에서는 알려지지 않은 것임을 덧붙인다. 그 자신도 35세에 여성 동성애에 대한 자신의 취향, 이런 '레스비언들의 사랑과 이들을 도와 줄 수 있는 모든 것에 대한 열의'를 확신했음을 고백한다. 이런 선언이 있고 난 몇년 후, 1857년에 샤를 보들레르라는 시인이 바로 레스비언들의 사랑과 두 여성간의 육체적 일치를《악의 꽃》에서 노래했다는 이유로 법정에 서게 된다. 시인이 제안한 이 책의 제목은《레스비언들》이었다.

샤를 푸리에의 과감성을 더 잘 이해하려면 19세기의 다른 혁명가들의 과감성과 비교하는 것이 재미있다. 특히 사회주의라는 말을 만들어 낸 도덕가이자 청교도인이기도 한 피에르 르루는, 1848년에 간통한 부부들에게서 선거권을 박탈하는 법을 채택시킨다. 에티엔 카베는 자신의 이카리아에 어떤 점에서는 지나칠 정도로 정숙을 내세운다. 예술에서 나체는 금지되며, 카바레는 사라지고, 향연을 부추기는 것 또한 금지된다. 프루동의《현대의 창부 정치》을 읽어본다면, 그가 어는 정도로 푸리에와 다른지를 상상할 수 있다. 프루동은 실제 여성이 남편의 권위에 순종해야 할 뿐만 아니라, 남편도 자신의 성을 조절하고 가능한 한 순결한 생활을 하도록 일에 전념해야 할 것이라고 생각한다. 인간의 성에 대한 이런 식의 절대적인 절단의 개념은(오늘날 '거세 콤플렉스를 불러일으키는 개념' 이라고 할 수 있는), 그 당시에는 당연하게 받아들여졌을 정도로 사람들의 생각을 지배하고 있었다. 예를 들어 이 시대에서 자위 행위는 끔찍한 억압의 대상이었다. 기숙학교에 들어간 소녀와 소년들이 자위의 쾌락에 빠지지 못하게 하는 장치들도 발명되었다. 그러는 동안 가족의 '좋은 아버지들' 은 유곽들을 드나들었으며, 위선적인 생활을 했다.

68년 5월 이후의 사회 공동체의 남자와 여자들은 남녀공학에서 성교육을 받았으며, 여성해방주의자들의 요구들이 공공 장소에서 토론되고, 알려진 성의 모든 형태들은 프로이트-마르크스주의를 통해 정당화되고 개방되는 사회가 되었다. 이것은 성에 대해 똑같은 유형의 문제들을 더 이상 쟁점으로 삼지 말아야 한다는 것을 의미한다. 그렇지만 욕망의 표현, '해방된' 쾌락으로의 접근, 사회 규범을 벗어난 부부 생활, 부성애 또는 모성애의 습득, 유혹의 방식, 이런 것들은 이전의 유토피아적 공동체에서와 똑같은 문제들과 불만족들을 야기시키는 것과 같다.

어떤 점에서 사회는 이미 도덕적 규범의 차원에서 성의 개혁을 실현시켰다. 여성해방주의는 산업 사회에서 여성의 사회적·심리적·경제적·문화적·성적 조건들을 폭로했으며, 사회가 법률을 제정하도록 이끌었다. 여성의 권리는 점차 남성들의 권리 기준에 맞추어졌지만 본질은 다른 곳에 있다. 결코 법이 어떤 행동 유형을 개혁하지는 못한다. 법은 개인들 서로간의 관계를 결코 바꾸지는 못한다. 성은 1970년대의 좌파 집단에서 권력의 도구가 되었다. 마르쿠제와 완벽한 혁명으로의 선동은 전혀 받아들여지지 않았다. 공동체의 실험들에서 살아남은 사람들을 보더라도 나는 '여성과 남성들간의 자유로운 교통'——이 문구를 통해 사랑의 전제 없이 이념적 체제를 존중하려고 남자나 여자 상대방과 성관계들을 가질 수 있다는 사실을 알아야 한다——이 사람들을 완성케 했다고는 생각지 않는다. 사랑의 장치가 작동되는 것을 무시할 수 있느냐는 의미이다. 장 보드리야르는 《자신을 통해 드러나는 타자》에서 이렇게 설명한다. "이처럼 사랑의 유혹에서 상대방은 당신의 비밀이 드러나는 장소라고 생각할 수 있다. 당신이 결코 알아낼 수 없는 것을 모르는 사이에 보유하고 있는 것은 바로 상대방이다."[41] 모든 것이 가능해 보이고, 광고가 육체를 발가벗기고, 진짜 같은 쇼가 거짓된 음란한 감정들을 보여 주며, 부부들은 쉽게 만나고 헤어진다. 물론 이런 헤어짐이 눈물도 폭력도 없이 이루어진다는 것을 의미하지 않는다. 정보 통신 장치를 통한 관계들이 쾌락의 유사품을 생산하는 우리 사회에서 우리 모두는 마치 그것을 원하는 것처럼 사랑한다. 극도로 매체화한 우리 사회에서 자신의 육체를 가지고 더 잘 살 수 있을까? 성이 과학화된 사회에서 자신의 성 본능을 더 잘 살아가게 할 수 있을까? 내 주위를 바라보면 애정의 사막들, 극도의 고독들, 엄청난 성적인 빈곤, 소멸된 수많은 꿈들을 보게 된다. 환상의 주머니를 정액 은행이 대신한다. 이미 잘 알려진 사실로 리비도의 구조는 너무 이성적이라 목표가 없다. 우리들 쾌락은 거짓말 속에 있다는 것이 진실이다. 쾌락은 결함이 필요하다. 새로운 것, 엉뚱한 것, 환상은 사회적 규칙에서 벗어나며, 사랑은 대가가 없다. 사랑의 공모에 깃든 놀이의 측면은 건강학 법칙과는 어울리지 않는다. 샤를 푸리에는 이 점을 잘 알았으나…… 바로 이 '……으나' 안에 죽음을 면할 수 없는 인간들의 역할을 넘어서고자 하는 우리들 욕망의 비밀이 들어 있다.

'부패한' 사회에서 각 개인의 사회적 위치는 구원의 공동체와 마찬가지로 노동에, 노동의 분배와 조직에 달려 있다. 대부분의 유토피아주의자들은 노동의 기술적 분리와 성적 분리를 반대하지만 인간 활동으로서는 전혀 문제삼지 않는다. '나태의 권리' (폴 라파르그의 소책자 제목, 1883)에 대한 요구는 소수일 정도로 노동은 사회 관계에 있어서 창조적으로 나타난다.

노동 그 이후

노동과 보수는 유토피아 건설의 마지막 부분이 된다. 나태와 극도의 생산주의라는 양극은 생산된 부의 재분배 법칙을 개선시키는 데 어려움을 만든다. 어떻게 분배해야 하는가? 평등주의 방식으로? 레이몽 뤼에르가 비난하는 이유가 여기에 있다. "예를 들어 이카리아, 또는 벨라미 이후 2천 년의 아메리카의 절대적이고 엄격한 평등은 마른 모래 더미가 널빤지들로 지탱되다가, 그 널빤지들을 제거하면 사각형이 유지되는 시간만큼 지속될 수 있을 것이다."[42] 각자의 공헌에 비례하는 것은 어떨까? 각자의 필요에 따라서는? 유토피아 섬의 농부들은 하루 여섯 시간을 일한다. 남자들은 가장 힘든 일을 담당한다. 유토피아 주민들은 낭비하지 않으며, 검소하고 절도 있게 살아간다.

우리들은 19세기와 20세기의 수많은 실험들에서, 마치 결핍의 공유가 넘쳐흐르는 풍요보다 더 중요한 것처럼 낭비가 거부되는 것을 볼 수 있다. 주위 환경과의 조화에 대한 진정한 배려도 볼 수 있다. 자신의 땅을 오염시키지 않을 것, 밭을 황폐화시키지 말 것, 숲을 훼손하지 말 것. 물을 낭비하지 말 것. 자연적 요소들과 친화하고 생태계를 존중하면서 자신의 환경에 대한 소속을 증명하는 것, 이보다 더 순수한 부가 있는가? 장 지오노가 말한 '진정한 부'란 이런 것이 아닐까?

이 부분에 대해 샤를 푸리에는 또 다른 면을 보인다. 그는 과잉과 기교의 면을 택한다. "사치는 매혹의 첫번째 목적이다. 그

것은 매혹의 첫번째 욕구이다."[43] 그는 양에서 질의 문제로 나아
간다. 음악이든, 또는 요리법이든 중요한 것은 포식이 아니라 맛
보고 즐기는 것이다. 마르크스는 어떤 부분에서만은 이 점을 따
른다. 그에게 있어서 풍요란 하나의 관점이다. 거기에 도달하기
전에 많은 일을 해야 한다. 대부분의 유토피아주의자들에게 단
결된 노동은 하나의 의무로서 집단주의에 대한 숭배와 결합된
다. 실현된 모든 유토피아는 자율적이어야 하고, 스스로 충족되
어야 하며, 자급자족 체제로 나아가는 데 있어서 바로 집단적 행
동으로 나아가야 함을 의무로 한다. 그러한 계획들이 단순한 문
제들과 부딪치게 될 것을 추측할 수 있다. 왜 일해야 하는가, 누
구를 위해 일해야 하는가, 어떤 결과들을 위해서인가? 대답들은
개요적일 뿐이다. J. -B. 앙드레 고댕은 사장으로서 자신의 사원
들에게 자본주의의 규칙들을 부여하지만, 많은 물질적인 이득,
사회보장들, 보조금들을 지급하는 수정된 자본주의이다. 많은 고
댕 지지자들은 그의 행동이 사회적으로 제공되는 실업수당, 병과
은퇴를 위한 보험 제도의 선구자였음을, 간단히 말해 전조였음
을 보여 주고자 한다. 일종의 유토피아의 유사요법 치료를 통해
조용한 사회주의에 기대를 거는 전위적인 사장, 다른 이들보다
한발 앞서는 사장이 바로 그이다. 이것은 한 세기 가까이나 작동
했다. 그 점을 잊지 말아야 한다.

　시도의 미완성, 사랑의 관계들, 실현된 유토피아의 유일한 골
칫거리로서 간주되는 노동과 노동의 궁극 목적성을 고려해야 하
는가? 협동조합을 지지하는 경제학자인 샤를 지드는, 1928년 콜

레주드 프랑스에서의 회의 때 진지하고 자신 있게 선언했다. "잠재성의 진정한 표식은 지속이 아니라 재탄생에 있다." 그럴 수 있을까?

2. 끝없는 이야기의 끝

"연달아 여러 가지 유토피아를 읽는다면 인간 상상의 단조로움에 놀라게 된다"라고 레이몽 뤼에르가 말하고 있다. 이 정도의 비평은 적법하며 관대하기까지 하다. 그만큼 유토피아적 담론은 반복적이며 답답하고, 과거 지향적인 방식이다.

유토피아 이야기의 대부분은 현재로 씌어진다. 몇몇 이야기들만이 미래 시대의 '어디에도 없는 곳'에 도달한다. 그러나 이들은 자주 공상과학과 가까우며, 전혀 '미래 지향적'이지도 미래학적이지도 않다. 이들은 사실 자신들의 시대를 다룬다. 역사적인 공상은 독자들에게 의욕을 불어넣는 '요령'일 뿐이다. 자신들의 시대에 뿌리내리면서 유토피아의 저자들은 겪었던 현실들보다 그 당시의 사상들에 대해 더 질문을 던진다. 그들은 언제나 자신들의 사회에서 이루어질 수 있는 잠재성을 인식하지 못하지만, 존재하고 있는 것에 기대며 이것을 증명했다. 바로 거기에서 이미 알고 있었던 느낌을 회고하는 듯, 자신의 역사적 지식이 고려됨을 독자는 느낀다. 모어·페늘롱·모렐리·오언·모리·웰스 모두 진정으로 새로운 상황이나 기술을 쓰지는 않는다. 그들은 항상 진실임직함을 토대로 글을 쓴다. 신빙성이 아니라 정치적 선택 때문이다. 그들은 설득하고자, 자신들이 처한 현대인들의 상황을 개선하고자 원한다. 객쩍은 이야기, 괴상한 생각들, 고심한 작품들로 세상을 바꾸는 것이 아니라 책임 있는 제안들, 건설적인 관점들, 실현 가능한 계획들로 세상을 변화시킨다.

유토피아 저자들은 달콤한 몽상가들이 아니라 도시를 개혁하고자 하는 시민들이다. 샤를 푸리에는 예외적으로, 예를 들어 그는 구체적이고 가능한 일을 논증하는 것임을 확신함에도 많은 독자들에게는 몽상가로 보인다.

그렇지만 샤를 푸리에는 일상적인 것을 존중한다. 인간의 행동과 기질에 대한 예리한 관찰가인 그는 바로 적용할 수 있는 해결책들만을 제시한다. 요컨대 그는 자신이 원하는 이상은 시간이 필요함을 알고 있으며, 시간과 함께 팔랑스테르의 불공평한 발전으로 퇴보하기보다 오히려 새로운 욕구들에 활기를 띠게 할 것이며, 새로운 가능성들의 출현을 용이하게 할 것임을 알고 있다. 샤를 푸리에는 자신의 팔랑스테르 사람들의 미래를 생각하는 몇 안 되는 사람들 가운데 한 명이다. 그는 인구가 급증할 것을 예상하여 지구 인구수를 최대 50억으로 계산한다. 그때 '사람들은 주민인 자신들의 행복을 보장하는 데만 관심을 두지, 수를 증가시키는 것에는 관심을 두지 않을 것이다'라고 그는 생각한다.

다른 유토피아주의자들은 세계 차원의 등급이 아닌 실제적이고 빠른 의사 소통 체제에 의해 서로 연결되는 작은 사회에 대해

더 관심이 많다. 오히려 세계는 서로 가깝기를 바라는데 인구는
한정되어 있다. 플라톤의 《국가》에는 약 1천5백 명이 살고 있으
며, 유토피아의 54개 도시마다 6천 가구가 살고 있고, 샤를 푸
리에의 팔랑스테르 주민은 1천 명이 조금 넘으며, 미국의 자작
농장들은 몇백 명 선이고, 1968년 5월 이후의 공동체에는 10명
정도이다. 이상의 전파는 모방을 통해 이루어지지만, 각각의 새
로운 '삶의 단위'는 과거의 삶의 단위들과 연결되어 있는 동시
에 독립적이다. 행동은 즉각 이루어져야 하며, 정의롭고 자유로
운 사회를 바로 여기에 세워야 한다. 바로 이런 식으로 타당성을
보여 줄 수 있고, 자신의 청중을 증가시킬 수 있다. 세상은 조금
씩 이 유토피아 바이러스에 의해 오염될 것이다. 시간은 문제가
되지 않는다. 충분한 시간이 있다. 세상의 역사가 무슨 소용이
있는가?

　인류가 정확한 단계별로 잘 표시된 길을 간다고 믿더라도, 사
회가 전환의 시기에 있다고 생각할지라도, 예언자들을 내세우는
것은 필요치 않다. 유토피아주의자는 지복천년설을 주장하는 이
와는 다르다. 그는 세계의 종말이나 한 세상의 종말을 말하지 않
는다. 그는 이런 지상 시대 종말론의 비전을 공유하지 않으며,
세상이 계시된 운명의 날에 새로운 미래를 시작하게 된다는 몇
몇 종교 분파의 도식에 매달리지 않는다. 세계 종말의 정확한 날
짜를 안다고 공언했던 이들은 몇 명이나 되는가? 유토피아주의
자는 예측을 하지 않는다. 그의 신념은 달력에 대해 걱정하지 않
는다. 미래는 과거로 가득 찬 현재이지 조건법으로 변화된 미래

가정이 아니다. 유토피아주의자는 마치 투기꾼이 이익의 비율을 조심스럽게 따지는 것처럼 미래에 대해 관심을 갖지 않는다. 그는 필연적인 가능성에 기대를 걸며, 시간의 두께를 은밀하게 뚫고 들어가는 일종의 확신을 신뢰한다. 다시 말해 미래는 바로 유토피아주의자에게 속한다. 우회 없이. 방향 전환 없이. 목표는 또한 수단이 되며, 그 역도 마찬가지이다.

모든 유토피아주의자에게는 억제된 낙관주의와 비슷할 수 있는 일종의 완고함이 있다. 그렇다고 열정과 모험심을 감소시키지 않는다. 도취시키지도 않는다. 이런 점이 빅토르 콩시데랑이나 앙드레 고댕을 닮은 이들이 계속 나타나는 이유를 설명할 수 있게 한다. 실패는 언제나 교훈을 준다. 유토피아주의자는 마르크스주의적 '과학'으로 무장한 혁명가와는 대화할 수 없다. 이들의 역사 개념은 같지 않다. 어떤 점에서는 유토피아주의자들은 하나뿐인 동력기——마르크스주의자들에게는 '계급 투쟁'이라는 동력기——를 선호하는 편이 아니다. 다른 한편 역사는 사회적 · 경제적 대립들의 게임만으로 이끌어지는 것이 아니라, 무엇보다 인간 집단의 합의된 행동의 결과이다. 인간 집단이란 자신의 이상과 일치해서 사는 것, 따르고 초월해야 할 예를 사용하는 것 이외의 다른 요구는 없다.

"나는 무시되고 거의 조롱받은 두 미덕인 신앙과 하나님에 대한 희망이 바로 조합제라는 구조 이론을 찾게 할 수 있었음을 XL장에 증명했다"라고 샤를 푸리에는 《신산업 세계》에서 화가 나서 말한다.[44] 그러나 그가 복음서에 경의를 표하고 기독교 문학을 많이 참조한다면, 그것은 자신의 사랑과 선의의 이론을 더 확고히 하기 위해서이지 기독교인들의 하느님에게 충성하기 위해서가 아니다. 그는 자신의 방식대로 믿는다. 하느님은 그와 대립되지 않는다. 오히려 그는 신학적 시간성이나 전례의 구성을 택하지 않으면서 그와 소통하고 있다. 푸리에의 시간은 시기별로 나누어진 브로델의 긴 시간인 동시에, 팔랑스테르가 발전되고 강화되는 **단기적이고 중기적인 시간들의 맞물림**이다.

팔랑스테르는 공산주의의 투사처럼 인류의 역사에 공헌하지 않는다. 바로 거기에 큰 차이점이 있다. 세기말인 우리 시대에 방황하는 유토피아주의자는 어떻게 대응할 것인가? 우리 시대의 분열을 어떻게 통합시킬 것인가? 이 질문은 역사적 재구성의 진실성보다 더 중요하다. 경제적 시간, 수익성의 시간, 측정하고 숫자로 계산된 시간, 교화하고 돈으로 변화한 시간은 전적으로 이 지구를 지배한다. 비행기·TV·증권거래소·국제적 결정들의 시간표들은 사회 내에서의 위치가 무엇이든 모두에게 해당된다. 거기에서 벗어나는 것은 불가능하다. 세계적 시간은 국지적인 우리들의 시간 사용을 결정한다. 이 규범을 벗어나는 것이 이미 유토피아이다. 통신화되어 가는 우리 사회의 기능이 우리들 삶의 리듬을 결정한다. 우리들의 일상을 만들어 내는 것이 바로 이런 사회이다.

"사건은 더 이상 정보를 발생시키지 않으며, 그 역이 이루어지는 사실은 측정할 수 없는 결과들을 가진다. 미디어의 지평선에서 사라지는 것은——노동이 자본의 지평선에서 사라지는 것처럼——바로 음화의 작업이기 때문이다. 바로 거기에서 이야기가 전도된다. 자본의 재생산에 사용되는 것은 더 이상 노동이 아니라, 노동을 생산하고 재생산하는 것이 바로 자본이다. 생산의 관계에 대한 엄청난 패러디이다”[45]라고 장 보드리야르는 《종말의 환상》에서 말하고 있다. 사실 세기말은 과거의 유토피아주의자들이 모르는, 그 당시에는 생각할 수 없었던 것은 물론 우리 세기에도 완전히 받아들이지 못했던 새로운 대립들을 나타나게 한다. 다시 말해 정말로 다른 사회를 희망하는 이들이라면, 바로 유토피아를 재정의하는 것이 중요한 책임이 됨을 의미한다.

예를 들어 부유한 지역들은 더 이상 가난한 지역들을 필요로 하지 않는다고, 따라서 남/북의 관계는 전적으로 재검토되어야 한다고 하면서 장 보드리야르의 목록을 완성할 수 있을 것이다. 지성인들과 개발주의적 투사들의 상상적인 제3세계는, 이들이 관대할지라도 전혀 집단들을 움직이게 할 수 없다. 혜택을 받지 못한 다수의 사람들이 대중적 소비를 원하고 이러한 것이 이들에게 일종의 유토피아라면, 그들은 어떤 유토피아를 내세울 수 있을까?

장 보드리야르는 계속한다. “오늘날 상상이 불가능하다면 전도된 이유 때문이다. 모든 지평선이 통과되었고, 당신들은 미리 다른 곳을 모두 알게 되었으므로 (정말로) 경탄하거나 인간미가 없는 이런 확대 앞에서 움츠러드는 일밖에 남지 않았기 때문이다.”[46] 이러한 이야기는 여전히 어떤 것을 믿고 있는 독자에게는 어느 정도 실망스럽게 들리지만, 나에게는 일반화로 가고 있는 어떤 현실이기보다 하나의 예측으로 보인다. 그렇지만 어떤 사회들은 정말 생각을 멈춘 듯하며, 정치에서 볼거리·청취·모의의 차원으로 가두어 버리는 광고용 슬로건과는 다른 어떤 것을 만들어 낼 수 없어 보인다. 우리들의 시청각적 이미지의 세계는 이것이 적응되고 이해되기 위해 시간이 걸리는 글로 된, 예전의 우리 표점들을 혼란에 빠뜨릴수록 기만적이다. 사실을 현실의 이미지와 동일시하면서 텔레비전은 상상의 본질적인 원동력을 깨뜨린다. 시간들을 뒤틀어대면서——리모컨 사용자는 그 점을 잘 알고 있는데, 그는 너무 쉽게 보스니아의 강간 장면에서 요쿠르트의 광고(오 맛있겠는걸!)로, 아메리카 시리즈에서 '정치적으로 올바른' 것으로 점점 더 통제되는 시사 문제들로, 또는 어떤 여배우의 최근 장식핀으로 옮긴다——텔레비전은 멀리 있는 것의 본래 리듬과 포개지면서, 그리고 이들의 시간과 같아지면서 멀리 있는 것을 가깝게 만든다.

유토피아의 원칙은 어디에도 존재하지 않는 장소를 세우는 데 있다. 한 공동체가 새로운 규칙들에 따라 살아갈 어떤 공간을 정하고 만들어 내는 일과 관계된다. 사실 그것은 주변 세계와의 단절, 공간상의 이탈과 관련된다. 이 새로운 공간에서 집단의 시간과 개인적 시간(집단과 개인이 여전히 서로를 이해하는 한에서)은 생물학적 리듬, 생체 리듬, 기후의 리듬을 존중한다. 시간을 즐기며 강력히 요구되는 축제성 안에서, 시간을 희석시키는 새로운 행동 유형에 의해 현대성의 시간은 이처럼 부인된다. 그러므로 '자신의 시간을 가지기'는 반항적인 행위이며, 지구의 경제

질서를 부인하는 일이고, 부여된 시간표의 강제 조약을 거부하는 것이다. 이런 부정은 요즈음 팩스의 시대에, 즉석의 '순간적인 시간'이 일반화되고, '현실적 시간'이 지배하는 것과 비길 만하다. 시간이 더 이상 공간을 측정하는 데에 쓰이지 못하고, 시간만이 홀로 남았다고 생각해 보라. 시간은 더 이상 땅을 가지지 못한다. 더 이상 영토가 없다. 그것은 공간성이 없는 익명의 물결이다. 그것은 풍경을 따라 보이지 않게 흐른다. 그것은 생산적 도구의 수익성을 토대로 자신의 힘을 키울 수 있다. 시간이 이렇게 최고의 힘을 가진 적은 결코 없었다. 루터가 그의 어떤 설교에서 "시간은 돈이다"라고 말했을 때, 그는 서투르게나마 어쩌면 자신도 모르게 16세기 상업의 자본주의에 따른 것이었으며, 바다의 노선이 개척될수록, 그래서 항구가 새로운 상업적 길의 중간 기항지로 변할수록 강력해지는 매매 시장의 논리에 따른 것이었다. 세계는 세계화되었으며, 시간은 세계를 뭉치게 한다. 앞으로 원거리 통신망과 정보과학 기술의 사용으로 통합된 공간, 외곽 없는 공간, 진정한 경계가 없는 공간은 시간에 종속된다. 공간은 연구 기관과 산업체들을 모아 놓은 기술 지역들과 그외 정보 통신 기능을 갖춘 여러 텔레포트와 인접해 있는 신축성 있는 사막과 같다.[47]

그리스 철학에서 한 쌍의 마스코트인 시간과 공간은, 최첨단 기술의 압력과 인간에 미치는 이들의 강한 호소력 아래에서 분리되었다. 사람들이 더 이상 걸어다니지 않는다면 어떤 곳의 상황을 어떻게 알 수 있는가? 이들 지역을 몇 초 만에 날아다닐 수 있다면 어떻게 이 지역의 의미를 이해할 수 있겠는가? 치열한 경쟁중의 항공 회사들은 '시간을 절약' 하고, 이러저러한 지역을 훨씬 더 빠르게 간다고 약속한다. 파리를 출발해 일곱 시간의 비행 후 봄베이에 도착한 여행자는, 곧이어 겪게 될 모든 체제(의복·음식·날씨)의 변화에 단번에 적응할 수 없었다. 여행자는 냉방 장치가 된 호텔에서 묵으면서, 국제 식당에서 식사하고 영어로 이야기하고, 협상 결과를 자신의 조수에게 팩스로 보낸 후 잠들기 전에 가족에게 전화할 것은 또한 사실이다. **그는 다른 곳에 있지만 여전히 같은 곳에 있는 셈이다.** 지상의 공간은 지도 제작되었고, 모든 구석과 후미진 곳은 측량되고 명명되고 알려지고 인식 가능하게 되었다. 텔레비전을 통해 가깝거나 먼 모든 곳은 나한테 친숙해지며, 아무 소견이 없는 채 그곳에 대해 어떤 이미지를 가지기 위해 나는 더 이상 그곳들을 지나가거나 머물 필요가 없다. 가보지 않고도 아는 이런 지식은 피상적이면서도 결정적이다. 나는 나의 최초의 인상들에, 이미지의 거품에 갇힌다. 그리고 동시에 해설——자주 영화를 번역 녹음하는 과정에서의 해설, 기록 영화의 영상을 말로 되풀이하는 해설——은 제시된 지방을 알고 있다고 나로 하여금 믿게 한다. 보도/시간의 관계는 점점 더 완벽해진다. 감지할 수 없을 정도로 우리가 서서히 초조해질 때까지 말이다. 우리들은 기다리는 것을 참을 수 없어 한다. 사람들은 더 이상 걱정스럽게 또는 갈망하며 기다릴 줄도, 참을 줄도 모른다. 무슨 상관이람! 시간을 낭비하고 싶지 않다는데! 그러니 과연 누가 필요도 없고 쓸데없는 시간인 다른 곳을 생각하느라 시간을 보낼 것인가?

3. 정치적 무관심

서구에서 **개인**의 출현은 자기 운명의 '당사자,' 역사의 '살아 있는 힘'이 되고자 하는 포부·소설·이야기·일기·서신과 같은 문학적 표현들, 잉크로 검어진 모든 종잇조각들, 바다에 던져진 그런 모든 병들, **존재**에 대한 모든 열정, 모든 실망, 모든 욕망, 모든 두려움을 표현하는 이런 모든 기호들의 당사자가 되고자 하는 포부와 함께 나타난다. 유토피아는 이같은 역동적 힘에 속한다. 실현되었을 때조차도 유토피아는 삶 속에, 바람 속에, 모래언덕 위에, 유토피아주의자들의 살갗 위에 길들여지지 않은 어떤 진실, 반항적인 자유에 대한 생각의 정수를 쓰고자 하는 시도로 남는다. 그런 시도에는 이런 생각을 위해 존재하고 만들어진다는 사실 외에 어떤 합리화도 없다.

유토피아의 이야기는 앞에서 보았듯이 서구 역사의 한 시기에 속한다. 그러나 그후는 어떻게 되었는가? 실현시켜야 할 허구는 더 이상 없는 것인가? 뒤따라가야 할 사용 방식이 이제는 더 없는가? 11,2세기의 수도승들처럼 개간해야 할 공간은 이제 없는가? 더 큰 가치를 부여할 처녀지는 이제는 더 이상 없는가?

산업주의가 끝나고 통신 기술이 지배하는 시대가 도래하면서 유토피아는 자기 반항의 성질, 꿈의 열쇠를 잃어버렸다. 유토피아는 지나간 시간에 속한다. 그것은 거슬러 올라간다. 그리고 시대에 뒤떨어지는 유토피아는 '노스탤지어'라고 불리운다. 우리는 라 투르 뒤팽이 말한 대로 "전설이 사라진 모든 국가는 추위로 꽁꽁 언 나라가 되는 벌"을 받게 될 것인가? 이 철학자는 그 점을 두려워한다. 마르틴 하이데거는 《형이상학 입문서》(1935)에서 이렇게 쓰지 않았는가. "지구상에 마지막으로 남은 조그만 외진 곳이 기술의 지배에 들어가는 순간, 그리고 경제적으로 채산성을 가지게 되는 순간, 사람들이 원한다면 언제 어디서나 모든 경쟁이 원하는 만큼 빠르게 이루어지는 순간, 프랑스에서 어떤 왕을 습격하는 일과 동시에 도쿄에서 심포니 연주회를 들을 수 있을 때, 시간이 속도·즉각성·동시성 이외에는 아무 의미가 없을 때, 발송지로서의 시간이 거기에 있는 다른 모든 나라 사람들에게 느껴지지 않을 때, 권투선수가 한 나라의 위인처럼 간주될 때, 수백만의 대중이 모였다고 해서 승리를 구가할 때, 그런 시대에, 그러면 진정 "어떤 목적으로? 어디로 가는가? 그 다음에는?"라는 질문이 언제나 존재하며 유령처럼 이 모든 마술을 통과할까?"[48] 이런 본질적이고 매우 중요한 질문에 아직도 풍요로운 번식의 가능성을 증명하는 것과 같은 유토피아의 질문이 첨가된다. 폴 리쾨르는 서구 세계의 엄청난 물질적 진보를 연구하면서 다음과 같이 확신한다. "사람들이 정말 지니지 못한 것은 분명히 정의이고 사랑이지만, 그것들의 의미는 이제 사라졌다. 노동의 무의미, 여가의 무의미, 성행위의 무의미, 바로 이것이 우리가 봉착한 문제들이다."[49]

dromologie(그리스어 dromos에서 파생된 말로 '뛰기(course)'를 의미하며, 바로 거기에서 '속도의 과학'이라는 뜻이 나온다)의 이론가인 폴 비릴리오 혹은 장 보드리야르는 이런 담론에 대응하지만, 의미를 달리해서이다. 어쨌거나 사람들이 자신들의 존재가 그렇게 빈약하도록 놔두는 것에 만족한다면? 유토피아 없이도 사람들이 살 수 있다면? 우리를 둘러싸고 우리를 보호하고 우리를 구속하는 이 현실에 유토피아가 어떤 영향력도 더 이상 가지지 못한다면? 나는 소비한다. 그러므로 나는 존재한다. 조르주 페렉의 소설 《사물들》(1965)의 탈주인공들에게나 가치가 있는 그런 가정은 "나는 소비하는 데서 존재한다는 환상을 가지고 있다"로 바뀌었다. 존재란 어쩌면 가공의 것일까? "나는 누구인가?"라는 질문은 어떤 이들에게는 천박하고 혐오스러운 것으로 보인다. 리모컨 중독자는 자신이 보는 장면들에 습관적으로 무관심하다. 화면에 비친 장면들은 **의미상의 별 차이 없이**, 내용의 서열 없이, 장면들이 소통시키는 사교적 가치의 대비 없이, 이런 무질서한 정보에 어떠한 질서도 없이 그의 시선을 사로잡는다. 상투어들 '읽기'에서 보이는 이런 무차별화는 **무관심**으로, '모두 가치가 있다'로 변한다. 그리고 그 역도 마찬가지이다. 현실은 이런 관점 속에서 사라져 버릴 상태에까지 이르고 있다. 이처럼 '정치'에서 '우파'와 '좌파'는 자신들의 독특함을 없애려 하며, 비슷해 보이려 한다. 이렇게 하면서 나라의 제1당은 기권자들의 당이 된다. 이런 식의 정치 거부는 당의 등재자 목록과 상투적 정치 구호와 함께 당의 형태를 거부할 뿐만 아니라, 자발적이고 패배주의적인 무관심(투표해서 무엇하랴?)이나 혹은 더 깊은 확신(속임수가 분명 있다)을 드러낸다. 이런 선거와 관련된 통계에서 이같은 **정치에 대한 무관심**에 관한 분석은 투표하지 않은 '나'가 이끌고 가는 '우리'와 맺고 있는 불안을 보여 준다.《독서의 기술》(1128년경)에서 위그 드 생 빅토르는 "모든 자연은 의미로 가득 차 있으며, 이 세상의 어느것도 무익한 것은 없다"[50] 라고 적절하게 표현하고 있다. 이제부터 바로 이것이 부정되어진다. 의미의 탐색은 더 이상 명백한 사실, 필연성, 기쁨으로 인정되지 못한다. 바로 이런 식으로 사람들은 사색에서 분리되며, 더 이상 대화·독서·이론화의 덕목을 믿지 않는다. 의미는 난처한 지경에 빠졌다. 의미는 더 이상 윤리적인 목적이 없으며, 마치 내용물을 모르는 가방을 메고 다니듯이 쓸데없는 것이 된다. 호기심은 다른 영역을 향해 옮겨가며, 때때로 우리들을 움직이고 저항케 하기 위해 우리에게 영구히 고통을 주는 "왜 사는가, 그리고 어떻게 살까?"라는 영원한 불안과는 동떨어진 곳으로 옮겨간다.

보다시피 무관심은 다른 사람들뿐만 아니라 바로 자신과 관련된다. 왜 자신을 알아야 하는가, 그런다고 그것이 나에게 무슨 도움이 될 것인가? 유토피아주의자들 모두가 그런 질문들을 자신들에게 던진 것은 아니지만, 이들이 계획하는 사회는 각자에게 자신의 기대치에 맞는 자리를 부여했으며, 자신과 타인들에 대해 더 잘 알도록 이끌었다.

행복은 다르게 이해되지 않는다. 그러나 유토피아주의자들의 현대인들은 전혀 그것을 걱정하지 않는다. 현대인 대부분이 이들을 몰랐으며, 아주 극소수만이 조금이라도 일상을 개선시키기 위해 그들에게서 항상 그 점을 밝히지는 않더라도 영향을 받았었다.

문제 제기의 취향을 다시 부여하는 것은 어려운 행동이며, 우리들 사회처럼 자신에 만족하며, 정신적인 것보다 물질에, 가능성 있는 것보다 수익성에, 미지의 것보다 이미 아는 것에 우위를 두는 사회에서는 이런 일은 거의 가치가 없다. 지성인의 행동은 개념들을 생산하는 동시에 다시 문제삼는 데 있으며, 새로운 모험들을 알려 주는 망보기에 있고, 모든 권력들의 모든 죄악을 고발하는 데 있으며, 불의와 모든 종류의 이기주의를 맹공격하고, 상상을 자극하고, 희망을 키우며 끊임없이 자신의 시대에 대해 질문하는 데 있다. 볼테르·졸라·사르트르 같은 이들은 하루에도 여러 번, 텔레비전이라는 종교에 경의를 표하며 뉴스의 제단 위에서 성스러운 의식을 집행하는 텔레비전의 기자에 대항해 무엇을 할 수 있는가? 컴퓨터 프로그램들의 이분법에 맞서서, 비디오 게임의 전자 속도에 맞서서 그는 무엇을 할 수 있는가? 영상의 자율적이고 이론의 여지없는 진실에 대항할 수 있을까? '나 그것 보았어'가 곧 '그것은 사실이다'가 되는 이런 명백한 진실에 대항할 수 있을까? 정보는 사건을 예상하고 연출하면서 사건의 발전을 보장한다. 숙련가는 최상의 경우 기사의 분석을 확인하는 데 약 30초 정도면 충분하다. 요컨대 기자는 질문과 대답을 만든다. 그러나 의사 소통은 유토피아처럼 작동할 수는 없다. 오히려 의사 소통은 반유토피아처럼, **실제의 현실**처럼, 그때까지 난공불락인 실제의 현실처럼 보여지고 들리는 것이라고 주장하고 자처한다. 그러나 영상의 계략은 현실을 그 근본에서 뿌리째 뽑아내는 것이다. 이런 상황에서 어떻게 관중의 마음에 닿을 수 있을까? 어떻게 유토피아의 탄생을 주도하는 이런 근본적인 재검토의 문턱으로 그를 이끌어 낼 수 있을까? 어떤 이들이 이렇게 말하는 소리가 들린다. 우리들의 세상에서 나오기 위해, 우리가 가지고 있는 것을 버리고 우리가 알지 못하는 것을 얻으려면 어떤 용기, 어떤 격정이 필요한가? 나는 나에게 일어날 일을 정확히 알고 싶다. 그리고 당신들이 나를 속였다면 나는 당신들을 고소할 것이며, 손해 배상을 요구할 것이다! 어떤 정당이 자신의 계획을 실현하지 못했다면, 이에 대해 불만스러워하는 시민들을 쉽게 떠올릴 수 있다. 마찬가지로 의사·대학교수도 제대로 치료받지 못한 환자나 낙제당한 학생의 부모들에게서 비난받을 수 있다. 우리들의 풍요로운 사회는 법적인 속박으로 모든 자주적 행동을 억압한다. 이런 과잉 보호는 과잉 도움과 짝을 이룬다. 시민은 자신에게 무슨 일이 일어나는지 충분히 이해하지 못하면서도, 권리 영역이나 의무 영역 중 어느쪽 때문인지 충분히 구분하지도 못하면서 이쪽저쪽으로 내던져진다. 우리들이 개입할 수 있는 근본적 영역이 감소되는 것은, 국민이나 사회 차원에서 민족주의적인 혹은 윤리적이나 종교적인 자폐증으로 표출된다. 그런 예는 매일 보여진다. 이런 상황에서 유토피아의 검토는 참여자의 눈을 통해서만 실행될 수 있다. 그 점을 잊지 말자. 유토피아는 언제나 보편적인 소명을 가지고 있기 때문이다. 그런데 타자에 대한 두려움으로 인한 위축은 사회적 재구성이라는 어떤 계획도 없는 공동체의 후퇴로 드러난다.

일치·이해·조화는 경건한 소원일 뿐일까? 유토피아는 인간적 특성을 지나치게 미화하고, 사회적 관계를 개선하는 경향이 있는가? 불화를 무시하지 않으며, 분노·단절의 표현을 이해하는 샤를 푸리에조차도 인간은 평화 대신 전쟁을 택하며, 생명 대신 죽음을 택한다고 생각지 않을 수 있겠는가. "조합적 체제에서는 일치만큼 불일치도 필요하다."[51]

아직 완전히 분리되지 않았으며, 인종분리주의도 아닌 우리 사회 같은 곳에서는 어떻게 되어가고 있는가? 시민 표본은 사회적·경제적 혹은 문화적 대립을 조정할 수 있는 형태로서의 **총의**를 찾고 있다. 이 형태는 **분쟁**을 피한다. 공장을 점령하는 파업보다 조합의 지도자들과 기업의 대표들로 구성된 합리적인 사람들간의 협상을 선호한다. 충돌에 대한 두려움("이것은 아무것도 해결하지 못합니다, 건설적이 되도록 노력합시다")은 정치적 유토피아의 일반적 특징으로 보일 수 있지만, 유토피아는 총체이며 다양한 요소들간의 콜라주로 만족할 수 없다. 우리들 시민 표본은 다양한 '기술적' 수정안들에서 선택할 수 있다. 이런 수정안들은 계획 목록들로 분류되어 있으며, 때때로 실행을 위한 기획으로 바뀔 수 있다. 바로 그러한 점에서 정치인들도 유토피아를 말한다. 개혁들을 간추린 요점, 개혁들간의 비교를 통해 시민들은 후보를 선출한다. 후보자는 무엇보다 '신뢰성'이 있어야 한다. 바로 이런 이유로 계획 목록들은 서로간의 신중한 차이만이 있으며, 그것도 순전히 형식적인 차이일 때가 많다. 약자의 첫 글자가 바뀌거나 새로운 슬로건을 내걸거나 새로운 색을 채택하기도 한다. 불가능한 일을 약속하는 것을 삼가고, '상황이 미묘함'을 시인하며, 모두가 아는 대로 '세계적' 위기와 맞서 싸우기 위해, 그리고 아마도 실제로 이런 광범위한 문제의 이러저러한 면을 해결하기 위해 '모든 열의'가 필요할 것이라는 점을 인정한다. 정치인은 이제 더 이상 선동적인 웅변가가 아니라 **안심시키는 사람**이다. 그는 이제는 더 이상 예언자가 아니라 실행가이다. 그는 시민들을 움직이려 하고, 위기를 고수토록 설득하려고 애쓰지 않는다. 그는 관리를 감독할 뿐이다.

왜 이렇게 되었는가? 우선 상황이 예전과 같지 않고, 재난이 예고되지도 않는다는 점을 분명히 하자. 부모·선생·청소년들이 학교 수업을 따라가지 못하는 초등학생들을 도와 주는, 상황이 어려운 지역들이 수없이 많다. 그와 마찬가지로 주민들이 자신들의 삶의 틀을 개선하기 위해 자율적으로 활동을 조직화하고 있는 제3세계의 대도시에는 수많은 빈민굴이 존재한다. 어디서나 한쪽의 남용을 고발하고, 다른 한쪽의 비참을 위로하는 상부상조의 조직들·단체들·자선가들이 있다. 그러나 누가 그것을 말하는가? 미디어의 무관심을 어떻게 깨뜨릴까? 물의를 일으키지 않으려는 조심성, 안락과 순응주의, 가족이기주의, 개인주의에 대한 예찬은 하나가 되어 개성의 비약을 방해한다.[52]

"별들이 무수히 반짝이는 동안

바다 위에서 깡총거리는 제일 작은 배에서부터

성큼성큼 걷는 세 개의 위풍당당한 마스트에 이르기까지

조율을 통해 하나의 화음으로 모든 것에 답했던

푸리에 당신의 건반으로 사람들은 무엇을 만들었나

당신은 일체를 껴안았다. 당신은 그것을 실패로서가 아니라

온전히 실현될 수 있는 것으로 보여 주었다."[53]

여전히 시인의 말은 강하게 울리고 있다.

결 론

책의 문화에서 영상의 문화로의 전환은——이반 일리치[54]의 표현에 의하면 '읽을 수 있는 것에서 볼 수 있는 것'으로——온갖 종류의 수많은 변화를 야기한다. 지난 3세기 동안 제시되었던 유토피아는 설립자 또는 영감을 주는 이들의 책이나 텍스트들과 밀접하게 연결되어 있다. 집단들을 움직이고 진정한 실현을 향해 이끌었던 것은, 바로 글로 씌어진 논증과 설득력 있는 이론이다. 얼마 전부터 컴퓨터의 등장으로 각자 모니터 위에 자신의 '이상적 도시'를 만들 수 있게 된다. 개인에서 자신의 기계로, 그리고 그 반대 방향인 기계에서 그 사용자에게로 '프로그램된 상상'을 위임하는 것은 혼자 즐기는 게임과 같고, '자신의' 해결 방식을 같은 망의 다른 게임 참여자들과 나누는 방법들을 확대시키면서 정치적 행동의 집산화를 사라지게 한다. 정보의 고속도로는 속지성을 탈피한 새로운 공간을 구성하게 된다. 이런 지역성이 사라진 공간 위에서는 바리케이드를 세우거나, 데모의 행렬을 움직이게 하는 일은 전혀 생각할 수 없는 것이다. 유토피아는 우리가 지금껏 보았듯이 사회적 체계를 부인함과 동시에 그 대안으로 자처해 왔다. 유토피아는 경제·금융의 세계화, 부의 주요 근원으로서의 산업적 노동의 끝, 지구 차원에서 이루어지는 새로운 원거리 통신의 도래에 의해 더 이상 쓸모없게 되었다. 그렇다고 해서 상상·논쟁·유토피아적 계획이 완전히 끝난 것은 아니다.

공산주의·산업주의·개발주의의 후기에 접어든 지금, 이 유토피아라는 춤의 행렬에서 무엇이 남았는가?

두 가지 시나리오를 생각해 볼 수 있다. 둘 다 회의적이고 신중하다. 첫번째 시나리오는 체계-세계가 자신의 운명을 거의 장악하지 못한다고 말한다. 덜 비관적인 두번째 시나리오는 어떤 분발, 새로운 휴머니즘, 유익한 재도약에 여전히 기대를 걸고 있다. 첫번째는 전세계에서 은밀히 이루어지고 있는 경향들을 분석한다. 개인적 행동들의 동질성을 향해 나아가는 경향들로서, 정보 관련 자원의 생산과 순환을 일단의 '관리자들'을 통해 민영화하기, 도처에서 출몰하는 분쟁들을 해결하는 군사적으로 아주 필요한 초국가적 국가의 구성, 공간에 대한 시간의 절대적 우세, 고통으로 마비된 가련한 생물학적 육체에 대한 인위적이긴 하지만 자연적인 육체의 승리, 살아 있는 한 가질 수 있는 희망을 향해 나아가는 경향들을 분석한다. 간단히 말해 대개의 경우 현실이 허구를 뛰어난 솜씨로 용감하게, 과도하게 능가한다는 것을 알고 있는 공상과학 수준의 시나리오가 아닐까!

두번째는 생존 본능에 대한, 자유롭게 살고 내 뜻대로 살고자 하는 의지에 대한 오래된 믿음 속에 뿌리내리고 있다. 바로 그런 데서 마음을 달래 주는 말이 영향력을 발휘하며, 조직으로 편입되기를 강하게 거부하고, 더 이상 잘 돌지 않는 어떤 세계를 장기적으로 다시 건설해 보고자 하는 여성과 남성들의 합의된 행동에 대한 믿음이 영향력을 발휘한다. 이들은 유토피아주의자들이 높이 평가하는 비평적이고 긍정적인 행보를 이어간다. 미디어의 권력 남용, 과학과 기술에 대한 환상, 영적인 것의 설욕, 자아 찬미, 사랑은 굳게 결속된 사회에서 이런 유토피아의 신조를 시간이 멈추어 있는 동안 사용할 수 있다. **유토피아의 욕구는 잠재되어 있다.** 예를 들어 환경학적 계획은 유토피아적 장신구들로 치장하지는 않지만, 가능성의 정책을 선택하고 재탄생의 필요를 받아들이며 자신들의 분석들이 진지함을 보여 준다. 노동의 시간을 줄이는 제안은 다른 범주에서라면 유토피아처럼 나타날 수 있지만, 불가피한 개혁, 그리고 결국은 실업의 억제를 바라는 모든 사회를 위한 현명한 개혁으로 제시된다.

크리스토퍼 콜럼버스로 시작되었던 세계적인 지구는 그후 서구적 현대성과 지역적인 특수 성분들이 섞여들면서, 이질적 문화의 수용으로 다양한 사회들을 다른 색으로 물들이기까지 하면서, 때로는 부인되거나 혹은 공격되는 어떤 정체성의 마지막 보물인 차이점들을 강화시키기까지 하면서 모든 것을 오직 서양화로 이끌어 왔다. 만화경처럼 현란한 색깔을 지닌 이 세계가 유토피아의 회귀를 예상케 할까? 그러나 어디서 어떻게 말인가? 그리고 그것이 여전히 어떤 유토피아를 말하는 것일까? 앞으로의 유토피아는 여전히 발현될 수 있다는 점에서 본다면 도시풍이 될 것이고, 공간적 제한을 벗어날 것이며, 기술 문화를 길들일 것이다. 실제 유토피아는 우리 대도시들의 도시적 짜임에서만 태어날 수 있으며, 최첨단의 기술공학으로 자랄 수 있을 것이다. 유토피아는 '자연'과 인간의 인공물이 뒤섞이며, 변덕스러운 서양 바둑판 같은 도시적 배경에서만 나타날 수 있다. 새로운 도시는 수많은 지질학적인 층들과, 수없이 쌓여진 가능성과 욕망의 시간을 가진 공간의 중심부에 세워질 것이다. 그런데 우리들은 자기 고유의 역사를 쓰려는 욕망을 아직 가지고 있는가? 바로 그것이 근본 문제이다. 우리가 현대 도시들이 제공하는 기술 차원의 안락에 현혹되어 있다면, 무엇 때문에 더 엄격한 사회 구조를 상상할 필요가 있을까? 즐거움 때문인가? 오로지 즐거움 때문이다. 그리고 사랑 때문이다.

유토피아는 서구가 기술과 자본주의 사회에 들어선 시기에 속한다. 유토피아는 도시적 문화가 도래하고 극치를 이룬 정보 세계로 약화되며, 막스 에른스트의 〈친구들의 모임〉, 달리의 〈기억의 집념〉, 마그리트의 〈인간 조건〉이나 델보의 〈광란〉 같은 신중하고 반항적인 그림처럼 우리들 기억의 저편으로 사라진다. 밤의 색, 해방된 웃음들, 어린아이 같은 시선, 여왕의 가슴, 고무줄 같은 탄성의 공간들처럼. 유토피아는 어디에도 없는 곳이며 현재이다. 그것은 신의 선물인가? 신의 선물이다.

원 주

1) 지복천년설은 메시아의 천년 통치에 대한 믿음이다.

참조: N. 콘, 《묵시록의 숭배자들 *Les fanatiques de l'apocalypse*》, Éd. Juillard, 1962.

2) 1911년 빈의 한 서점의 목록에는 1천1백50개의 제목이 나열되어 있었다. 몇 년 전 한 미국인 연구자는 1천6백 개 이상의 제목을 찾아내었다.

3) 이 점은 특별한 연구가 더 필요하다. 그래서 우리들은 다른 유토피아 작가들 가운데서 몇몇 여성들을 소개하는 것으로 그치고자 한다. 마거릿 캐번디시, 뉴캐슬 공작부인을 들고자 하며, 후자는 1668년에 흥미로운 소설《타오르는 세계 *The Blazing world*》를 펴냈다. 멜로 소설이고, 공상과학 소설이었다. 여주인공은 부인이었는데, 빙하 아래에 있는 도시에서 이야기가 전개된다. 홀베르, 불워-리턴, 웰즈보다 먼저 나온 최초의 지하 유토피아를 다루었다.

4) 밀란 쿤데라, 《소설의 기술 *L'art du roman*》, Éd. Gallimard, 1986.

5) 폴 베니슈, 《예언자들의 시대 *Le Temps des prophètes*》, Éd. Gallimard, 1977.

6) 사람들은 12명의 학자들과 9명의 예술가들을 포함한 뉴턴위원회를 선출한다. 이들은 최고의 지혜로 사회가 유기적으로 잘 진행되어 가도록 살필 것이다.

7) 참조: A. 낸디, 《전통, 폭정과 유토피아 *Traditions, Tyranny and Utopias*》, 옥스퍼드대학출판부, 1992. J. 체스노, 〈동양에서의 평등주의 유토피아의 전통들〉, 《디오게네스 *Diogène*》, 1968, 62호.

8) la parousie; La parousie에서 parousia는 현존을 의미하며 그리스도의 재림, 구세주의 도래를 뜻한다.

9) 프로이트, 〈유토피아의 공간〉, in 《공간과 상상계 *Espaces et imaginaires*》, PUG, 1979.

10) 참조: 〈클로드-니콜라 르두에 나타난 도시의 이미지 L'image de la ville chez Claude-Nicolas Ledoux〉, 《연보 *Annales*》 1966, 11-12월.

A. 비들러, 《계몽 시대의 공간 *L'Espace des Lumières*》, Éd. Picard, 1995.

11) J. 세르비에, 《유토피아의 역사 *Histoire de l'utopie*》, Éd. Gallimard, 1991, p.33

12) L. 마린, 《유토피아: 공간들의 게임 *Utopiques: jeux d'espaces*》, Minuit, 1973

L. 마린, 〈경계, 한계, 줄: 토머스 모어의 유토피아에 나타난 여행 이야기들 Frontières, limites, limes: les récits de voyage dans L'Utopie de Thomas More〉, *in* 《경계와 한계》, sous la dir. de Ch. 데캉, Centre Georges Pompidou, 1991.

13) 이 소설은 4복음서 총서에 속하며, 1994년에 T. 파코의 서문과 함께 〈희귀본 Les introuvables〉 총서에서 재출판되었다.

참조: H. 미테랑, 〈'반제르미날': 노동의 사회적 복음〉, in 《소설과 사회 *Roman et société*》, Éd. A. Colin, 1973.

H. 데로슈, 《축제 사회 *Ls Société festive*》, Éd. du Seuil, 1975.

J. 누아레, 《소설가와 기계 *Le Romancier et la machine*》, Libraire José Corti, t. 1, 1981.

14) P. 베니슈, 《예언자들의 시대 *Le Temps des prophètes*》, *op. cit.*, p.11.

15) F. 엥겔스, 《유토피아적 사회주의와 과학적 사회주의 *Socialisme utopique et socialisme scientifique*》, Éditions sociales, 1973, p.77.

16) G. 소렐, 〈마르크시즘에는 유토피아가 있는가?〉, in 《마르크시즘의 분석과 그외 논문들 *La Décomposiotion du marxisme et autres essais*》, Th. 파코 편집, PUF, 1982, pp.93 et 105.

17) 《래너크주에 대한 보고서》(1820). 《로버트 오언이 쓴 로버트 오언의 인생 *The life of Robert Owen written by himself*》 vol. 1의 부록, Effinghan Wilson, 1858, p.308.

18) É. 돌레앙이 인용, 《로버트 오언 *Robert Owen*》, Éd. Félix Alcan, 1907, p.154.

19) 《자서전 *Autobiography*》(1857) 인용, 《로버트 오언이 쓴 로버트 오언의 인생》, *op. cit.*, p.112.

20) 오언식의 다른 공동체들이 시도되었다. 샤를 푸리에는 1824년 로버트 오언에게 '조합의 시도를 위한 단체'에 재정 후원을 부탁하면서 자신의 기회를 시도해보고자 한다. 그리고 그에게 2년 전 출판된 자신의 논문 2부, 〈가정적·농업적 사단론(社團論) Traité de l'Association domestique agricole〉을 보

낸다. 대답은 능란하게 거절된다. 그러나 자신의 개념을 더욱 깊이 있게 연구하면서 샤를 푸리에는 뉴하모니의 설립자와 구분되기에 이른다. 1931년에 출판되는 그의 성난 풍자문, 《조합과 진보를 약속하는 생 시몽과 오언이라는 두 학파의 함정과 협잡 *Pièges et chrlatanisme des deux sectes Saint-Simon et Owen qui promettent l'association et le progrès*》이 그 점을 잘 보여 준다.

21) M. 도망제, 로버트 오언, SUDEL, 1956, p.34.

22) É. 돌레앙 인용, *op. cit.*, p.328.

23) 생 시몽, 《문학적 · 철학적 · 산업적 여론들 *Opinions littéraires, philosophiques et industrielles*》, Éd. Bossange, 1825.

24) J. B. 세, 그도 유토피아에 대해 쓴 저술가이다. 《올비 또는 한 국가의 관습들을 개선하는 방법에 관한 평론 *Olbie ou Essai sur les moyens d'améliorer les moeurs d'une nation*》, 1800. 런던에서 1660년에 익명으로 출판된 텍스트 《올비아, 새로이 발견된 섬 *Olbia, une île nouvellement découverte*》의 제목을 취한다.

25) M. 르로이가 인용, 《생산자들의 사회주의 *Le Socialisme des Productuers*》, 앙리 드 생 시몽, Éd. M. Rivière, 1924, p.81.

26) 생 시몽의 《우화 *Parabole*》는 D. 데상티의 선집에 다시 수록된다. 《유토피아의 사회주의자들 *Les Socialistes de l'utopie*》, Éd. Payot, 1970, pp.81과 계속.

27) C. 푸리에, 《신산업 세계 *Le Nouveau Monde industriel*》, Éd. Flammarion, 1973, p.95.

28) 《신산업 세계》, *op. cit.*, p.46.

29) *ibid.*, p.91.

30) *Ibid.*, p.92.

31) A. 브르통, 《샤를 푸리에에게 바치는 오드 *Ode à Charles Fourier*》, in 《상승기호 *Signe ascendant*》, Éd. Gallimard, '시' 총서, 1949, p.110.

32) 자주 쓰여진 것과는 반대로 팔랑스테르의 건물은 니콜라 르두의 기획이나 작품에서 유래하는 것이 결코 아니며, 푸리에가 무척 감탄한 파리의 팔레루아얄에서 유래하며 베르사유궁도 일조한다.

33) 참조 M. 도망제, 《빅토르 콩시데랑, 삶과 작품들 *Victor Considerant, sa vie, son oeuvre*》, Éd. sociales internationales, 1929.

C. 비구뢰, 《소명의 말 *Parole de providence*》, J. C. 뒤부아 감수, Champ

Vallon, 1993.

〈통합의 이주지, 텍사스 Autours de la colonie de Réunion, Texas〉, 《샤를 푸리에 노트 *Cahiers Charles Fourier*》, n. 4, 1993.

34) J.-B. A. 고댕, M. 하우랜드에게 보낸 1866년 11월 5일 편지, in G. 들라브르와 J.-M. 고티에, 《노동의 공화국을 향해 *Vers une République du travail*》, Éd. de la Villette, 1988, p.46.

35) J.-B. A. 고댕, in G. 들라브르, *op. cit.*, p.66.

36) A. 브장송, 《레닌주의의 지적 기원들 *Les Origines intellectuelles du léninisme*》, Éd. Calmann-Lévy, 1977.

37) B. 말롱, 《사회주의의 역사·이론·실천에 대한 개론 *Précis historique théorique et pratique de socialisme*》, Éd. Félix Alcan, 1892, pp.86-87.

38) 자신의 평화주의적 선택을 정당화하면서 에티엔 카베는 다음과 같이 선언한다. "내가 혁명을 내 손안에 쥐고 있다면, 비록 내가 추방되어 죽어야 할지라도 나는 그것을 닫아 놓을 것이다." 《이카리아 여행 *Voyage en Icarie*》, in D. 데장티, 《유토피아의 사회주의자들 *Les Socialistes de l'utopie*》, *op. cit.*, p.301.

39) 에티엔 카베의 《이카리아 여행》(1840)의 제사는 이렇게 씌어져 있다. "첫번째 권리는 살기. 첫번째 의무는 일하기. 각자 자신의 욕구에 따라, 각자 자신의 능력에 따라."

40) C. 푸리에, 《신산업 세계》, *op. cit.*, p.134.

41) J. 보드리야르, 《자신을 통해 드러나는 타자 *L'Autre par lui-même*》, Éd. Galilée, 1987, p.58.

42) R. 뤼에르, 《유토피아와 유토피아들 *L'Utopie et les utopies*》, PUF, 1950, p.84.

43) 푸리에, 《신산업 세계》, *op. cit.*, p.189.

44) *op. cit.*, pp.413-414.

45) 《종말의 환상 *L'Illusion de la fin*》, *op. cit.*, p.31.

46) 《자신을 통해 드러나는 타자》, *op. cit.*, p.38.

47) 참조: 폴 비릴리오의 최근 저서들. 《동력기의 기술 *L'Art du moteur*》, Éd Galilée, 1993 and 《해방의 속도 *La Vitesse de libération*》, Éd. Galilée, 1995.

48) M. 하이데거, 《형이상학 입문서》(1935), Éd. Gallimard, 1976, p.49.

49) P. 리쾨르, 《경제적 예측과 윤리적 선택 *Prévision économique et choix*

éthique〉, 《에스프리 *Esprit*》, 1966.2; 《역사와 진리 *Histoire et Vérité*》, Éd. Seuil, 1995에서 재수록됨.

50) 참조: H. 생 빅토르, 《독서술 *L'Art de lire*》, Éd. Du Cerf, 1991. 특히 I. 일리치의 훌륭한 해석, in 《이해할 수 있는 것에서 가시적인 것까지 *Du lisible au visilble*》, Éd. du Cerf, 1991.

51) C. 푸리에, 《신산업 세계》, *op. cit.*, p.75.

52) 우리 개성의 복합적이고 독특한 표현은 자주 규범적이고 동일한 개인주의 표현으로 한정된다. 참조: T. 파코, 《도시에 산다는 것! *Vivre la ville!*》, Éd. Arléa-Corlet, 1994, 7장, 《도시성에 대해 *De la citadinité*》.

53) A. 브르통, 《샤를 푸리에에게 바치는 오드》, *op. cit.*, p.109.

54) I. 일리치, 《읽을 수 있는 것에서 볼 수 있는 것으로 *Du Iisible au visible*》, *op. cit.*

참고 문헌

• Texts

Considerant V., *Description du phalanstère et considérations sociales sur l'architecture*, 1848; rééd. Guy Durier, 1979.

Desanti D., *Les Socialistes de l'utopie*, anthologie, Paris, Éd. Payot, 1970.

Engles F., *Socialisme utopique, socialisme scientifique*, trad. fr., Éditions sociales, 1973.

Fiorato A.(sous la dir.), *La Cité heureuse*, anothologie de textes de Doni, Patrizi, Agostini, Campanella, Zuccolo, et autres 'utopistes' italiens, Paris, Quai Voltaire, 1992.

Fourier C., *Le Nouveau Monde industriel et sociétaire*, Paris, Éd. Flammarion, 1973.

—— *Vers la liberté en Amour*, textes choisis et présentés par D. Guérin, Paris, Éd. Gallimard, 1975.

Godin J.-B. A., *Solutions sociales*, 1870; rééd. Quimperlé, Éd. La Digitale, 1979.

More T., *L'Utopie*, traduction et commentaires d'A. Prévost, 16, avenue des Fleurs 59110 La Madeleine.

Owen R. *Textes choisis*, introduction et notes de A. L. Morton, trad. fr., Éditions sociales, 1963.

Saint-Simon H.(de), *Le Nouveau christianisme*, Présentation de H. Desroche, Paris, Éd. du Seuil, 1969.

Zola É., *Travail*, préface de T. Paquot, Éd. Les Introuvables, 1994(diffusion L'Harmattan).

• Commentaires et analyses

Alexandrian S., *Le Socialisme romantique*, Paris, Éd. du Seuil, 1979.

Baudrillard J., *L'Illusion de la fin*, Paris, Éd. Galilée, 1992.

Beecher J., *Fourier*, trad. fr., Paris, Éd. Fayard, 1993.

Bloch E., *Le Principe espérance*, Paris, Éd. Gallimard, 1976-1991, t. I, II et III.

Charléty S., *Histoire du saint-simonisme*, 1931; rééd. Paris, Éd. Denoël-Gonthier, 1965.

Desroche H., 〈Humanismes et utopies〉, *in Histoire des mœurs*, Paris, Éd. Gallimard, coll. 〈Bibliothèque de la Pléiade〉, 1991, t. III.

—— *La Société festive. Du fouriérisme écrit aux fouriérismes pratiqués*, Paris, Éd. du Seuil, 1975.

—— *Les Dieux rêvés, théisme et athéisme en utopie*, Paris, Éd. Desclée de Brouwer, 1972.

Dilas Y., Gervereau L. et Paquot T., *Rêver demain, utopies, science-fiction et villes idéales*, Paris, Éd. Alternatives, 1994.

Freund J., *Utopie et Violence*, Paris Éd. M. Rivière, 1978.

Lacroix J.-Y., *L'Utopie*, Paris, Éd. Bordas, 1994.

Mumford L., *The Story of Utopia*, 1922; rééd. Gloucester(Massachusetts), Peter Smith, 1959.

Paquot T. (sous la dir.), *Le Familistère Godin à Guise*, Paris, Éditions de la Villette, 1982.

Ruyer R., *L'Utopie et les utopies*, Paris, PUF, 1950.

Servier J., *Histoire de l'utopie*, 1967; rééd. Paris, Éd. Gallimard, coll. 〈Folio〉, 1991.

Trousson R., *Voyages aux pays de nulle part*, Bruxelles, Éd. de l'Université de Bruxelles, 1979(diffusion en France, Éd. Vrin).

Versin P., *Encyclopédie de l'utopie et de la science-fiction*, Lausanne, Éd. L'Âge d'Homme, 1972.

색 인

조성애
연세대학교 불문과 졸업
미국 뉴욕주립대학 불문학 석사
프랑스 파리3대학 불문학 박사
현재 연세대학교 불문과 강사
저서:《사회 비평과 이데올로기 분석》
역서:《쟁탈전》《로마에서 중국까지》《세계를 터는 강도》
《프랑스를 아십니까》《사실주의 문학의 이해》《상투어》

현대신서
112

유토피아

초판발행 : 2002년 10월 20일

지은이 : 티에리 파코
옮긴이 : 조성애
펴낸이 : 辛成大
펴낸곳 : 東文選
제10-64호, 78. 12. 16 등록
110-300 서울 종로구 관훈동 74
전화 : 737-2795

편집설계 : 劉泫兒 李娗旻 李惠允 韓仁淑

ISBN 89-8038-238-3 04100
ISBN 89-8038-050-X (현대신서)

【東文選 現代新書】
1 21세기를 위한 새로운 엘리트   FORESEEN 연구소 / 김경현   7,000원
2 의지, 의무, 자유 — 주제별 논술   L. 밀러 / 이대희   6,000원
3 사유의 패배   A. 핑켈크로트 / 주태환   7,000원
4 문학이론   J. 컬러 / 이은경 · 임옥희   7,000원
5 불교란 무엇인가   D. 키언 / 고길환   6,000원
6 유대교란 무엇인가   N. 솔로몬 / 최창모   6,000원
7 20세기 프랑스철학   E. 매슈스 / 김종갑   8,000원
8 강의에 대한 강의   P. 부르디외 / 현택수   6,000원
9 텔레비전에 대하여   P. 부르디외 / 현택수   7,000원
10 고고학이란 무엇인가   P. 반 / 박범수   근간
11 우리는 무엇을 아는가   T. 나겔 / 오영미   5,000원
12 에쁘롱 — 니체의 문체들   J. 데리다 / 김다은   7,000원
13 히스테리 사례분석   S. 프로이트 / 태혜숙   7,000원
14 사랑의 지혜   A. 핑켈크로트 / 권유현   6,000원
15 일반미학   R. 카이유와 / 이경자   6,000원
16 본다는 것의 의미   J. 버거 / 박범수   10,000원
17 일본영화사   M. 테시에 / 최은미   7,000원
18 청소년을 위한 철학교실   A. 자카르 / 장혜영   7,000원
19 미술사학 입문   M. 포인턴 / 박범수   8,000원
20 클래식   M. 비어드 · J. 헨더슨 / 박범수   6,000원
21 정치란 무엇인가   K. 미노그 / 이정철   6,000원
22 이미지의 폭력   O. 몽젱 / 이은민   8,000원
23 청소년을 위한 경제학교실   J. C. 드루엥 / 조은미   6,000원
24 순진함의 유혹 〔메디시스賞 수상작〕   P. 브뤼크네르 / 김웅권   9,000원
25 청소년을 위한 이야기 경제학   A. 푸르상 / 이은민   8,000원
26 부르디외 사회학 입문   P. 보네위츠 / 문경자   7,000원
27 돈은 하늘에서 떨어지지 않는다 K. 아른트 / 유영미   6,000원
28 상상력의 세계사   R. 보이아 / 김웅권   9,000원
29 지식을 교환하는 새로운 기술   A. 벵토릴라 外 / 김혜경   6,000원
30 니체 읽기   R. 비어즈워스 / 김웅권   6,000원
31 노동, 교환, 기술 — 주제별 논술   B. 데코사 / 신은영   6,000원
32 미국만들기   R. 로티 / 임옥희   근간
33 연극의 이해   A. 쿠프리 / 장혜영   8,000원
34 라틴문학의 이해   J. 가야르 / 김교신   8,000원
35 여성적 가치의 선택   FORESEEN연구소 / 문신원   7,000원
36 동양과 서양 사이   L. 이리가라이 / 이은민   7,000원
37 영화와 문학   R. 리처드슨 / 이형식   8,000원
38 분류하기의 유혹 — 생각하기와 조직하기   G. 비뇨 / 임기대   7,000원
39 사실주의 문학의 이해   G. 라루 / 조성애   8,000원
40 윤리학 — 악에 대한 의식에 관하여   A. 바디우 / 이종영   7,000원
41 흙과 재 〔소설〕   A. 라히미 / 김주경   6,000원

42	진보의 미래	D. 르쿠르 / 김영선	6,000원
43	중세에 살기	J. 르 고프 外 / 최애라	8,000원
44	쾌락의 횡포·상	J. C. 기유보 / 김웅권	10,000원
45	쾌락의 횡포·하	J. C. 기유보 / 김웅권	10,000원
46	운디네와 지식의 불	B. 데스파냐 / 김웅권	근간
47	이성의 한가운데에서 ― 이성과 신앙	A. 퀴노 / 최은영	6,000원
48	도덕적 명령	FORESEEN 연구소 / 우강택	6,000원
49	망각의 형태	M. 오제 / 김수경	6,000원
50	느리게 산다는 것의 의미·1	P. 쌍소 / 김주경	7,000원
51	나만의 자유를 찾아서	C. 토마스 / 문신원	6,000원
52	음악적 삶의 의미	M. 존스 / 송인영	근간
53	나의 철학 유언	J. 기통 / 권유현	8,000원
54	타르튀프 / 서민귀족 〔희곡〕	몰리에르 / 덕성여대극예술비교연구회	8,000원
55	판타지 공장	A. 플라워즈 / 박범수	10,000원
56	홍수·상 〔완역판〕	J. M. G. 르 클레지오 / 신미경	8,000원
57	홍수·하 〔완역판〕	J. M. G. 르 클레지오 / 신미경	8,000원
58	일신교 ― 성경과 철학자들	E. 오르티그 / 전광호	6,000원
59	프랑스 시의 이해	A. 바이양 / 김다은·이혜지	8,000원
60	종교철학	J. P. 힉 / 김희수	10,000원
61	고요함의 폭력	V. 포레스테 / 박은영	8,000원
62	고대 그리스의 시민	C. 모세 / 김덕희	근간
63	미학개론 ― 예술철학입문	A. 셰퍼드 / 유호전	10,000원
64	논증 ― 담화에서 사고까지	G. 비뇨 / 임기대	6,000원
65	역사 ― 성찰된 시간	F. 도스 / 김미겸	7,000원
66	비교문학개요	F. 클로동·K. 아다-보트링 / 김정란	8,000원
67	남성지배	P. 부르디외 / 김용숙·주경미	9,000원
68	호모사피언스에서 인터렉티브인간으로	FORESEEN 연구소 / 공나리	8,000원
69	상투어 ― 언어·담론·사회	R. 아모시·A. H. 피에로 / 조성애	9,000원
70	촛불의 미학	G. 바슐라르 / 이가림	근간
71	푸코 읽기	P. 빌루에 / 나길래	근간
72	문학논술	J. 파프·D. 로쉬 / 권종분	8,000원
73	한국전통예술개론	沈雨晟	10,000원
74	시학 ― 문학 형식 일반론 입문	D. 퐁텐느 / 이용주	8,000원
75	《시민 케인》	L. 멀비 / 이형식	근간
76	동물성 ― 인간의 위상에 관하여	D. 르스텔 / 김승철	6,000원
77	랑가쥬 이론 서설	L. 옐름슬레우 / 김용숙·김혜련	10,000원
78	잔혹성의 미학	F. 토넬리 / 박형섭	9,000원
79	문학 텍스트의 정신분석	M. J. 벨멩-노엘 / 심재중·최애영	9,000원
80	무관심의 절정	J. 보드리야르 / 이은민	8,000원
81	영원한 황홀	P. 브뤼크네르 / 김웅권	9,000원
82	노동의 종말에 반하여	D. 슈나페르 / 김교신	6,000원
83	프랑스영화사	J. -P. 장콜 / 김혜련	근간

126 세 가지 생태학　　　　　　F. 가타리 / 윤수종　　　　　　　근간
127 모리스 블랑쇼에 대하여　　E. 레비나스 / 박규현　　　　　근간
128 작은 사건들　　　　　　　R. 바르트 / 김주경　　　　　　근간
129 번영의 비참　　　　　　　P. 브뤼크네르 / 이창실　　　　근간
130 무사도란 무엇인가　　　　新渡戶稻造 / 沈雨晟　　　　　7,000원

【東文選 文藝新書】

　1 저주받은 詩人들　　　　　A. 뻬이르 / 최수철 · 김종호　　개정근간
　2 민속문화론서설　　　　　　沈雨晟　　　　　　　　　　　40,000원
　3 인형극의 기술　　　　　　A. 훼도토프 / 沈雨晟　　　　　8,000원
　4 전위연극론　　　　　　　　J. 로스 에반스 / 沈雨晟　　　12,000원
　5 남사당패연구　　　　　　　沈雨晟　　　　　　　　　　　10,000원
　6 현대영미희곡선(전4권)　　N. 코워드 外 / 李辰洙　　　　절판
　7 행위예술　　　　　　　　　L. 골드버그 / 沈雨晟　　　　　절판
　8 문예미학　　　　　　　　　蔡 儀 / 姜慶鎬　　　　　　　절판
　9 神의 起源　　　　　　　　何 新 / 洪 熹　　　　　　　16,000원
10 중국예술정신　　　　　　　徐復觀 / 權德周 外　　　　　24,000원
11 中國古代書史　　　　　　　錢存訓 / 金允子　　　　　　14,000원
12 이미지 ― 시각과 미디어　　J. 버거 / 편집부　　　　　　12,000원
13 연극의 역사　　　　　　　　P. 하트놀 / 沈雨晟　　　　　절판
14 詩 論　　　　　　　　　　　朱光潛 / 鄭相泓　　　　　　　9,000원
15 탄트라　　　　　　　　　　A. 무케르지 / 金龜山　　　　10,000원
16 조선민족무용기본　　　　　최승희　　　　　　　　　　　15,000원
17 몽고문화사　　　　　　　　D. 마이달 / 金龜山　　　　　8,000원
18 신화 미술 제사　　　　　　張光直 / 李 徹　　　　　　10,000원
19 아시아 무용의 인류학　　　宮尾慈良 / 沈雨晟　　　　　　절판
20 아시아 민족음악순례　　　藤井知昭 / 沈雨晟　　　　　　5,000원
21 華夏美學　　　　　　　　　李澤厚 / 權 瑚　　　　　　　15,000원
22 道　　　　　　　　　　　　張立文 / 權 瑚　　　　　　　18,000원
23 朝鮮의 占卜과 豫言　　　　村山智順 / 金禧慶　　　　　15,000원
24 원시미술　　　　　　　　　L. 아담 / 金仁煥　　　　　　16,000원
25 朝鮮民俗誌　　　　　　　　秋葉隆 / 沈雨晟　　　　　　12,000원
26 神話의 이미지　　　　　　J. 캠벨 / 扈承喜　　　　　　근간
27 原始佛敎　　　　　　　　　中村元 / 鄭泰爀　　　　　　8,000원
28 朝鮮女俗考　　　　　　　　李能和 / 金尙憶　　　　　　24,000원
29 朝鮮解語花史(조선기생사)　李能和 / 李在崑　　　　　　25,000원
30 조선창극사　　　　　　　　鄭魯湜　　　　　　　　　　7,000원
31 동양회화미학　　　　　　　崔炳植　　　　　　　　　　9,000원
32 性과 결혼의 민족학　　　　和田正平 / 沈雨晟　　　　　9,000원
33 農漁俗談辭典　　　　　　　宋在璇　　　　　　　　　　12,000원
34 朝鮮의 鬼神　　　　　　　村山智順 / 金禧慶　　　　　12,000원
35 道敎와 中國文化　　　　　葛兆光 / 沈揆昊　　　　　　15,000원

36 禪宗과 中國文化	葛兆光 / 鄭相泓・任炳權	8,000원
37 오페라의 역사	L. 오레이 / 류연희	절판
38 인도종교미술	A. 무케르지 / 崔炳植	14,000원
39 힌두교의 그림언어	안넬리제 外 / 全在星	9,000원
40 중국고대사회	許進雄 / 洪 熹	22,000원
41 중국문화개론	李宗桂 / 李宰碩	15,000원
42 龍鳳文化源流	王大有 / 林東錫	25,000원
43 甲骨學通論	王宇信 / 李宰碩	근간
44 朝鮮巫俗考	李能和 / 李在崑	20,000원
45 미술과 페미니즘	N. 부루드 外 / 扈承喜	9,000원
46 아프리카미술	P. 윌레뜨 / 崔炳植	절판
47 美의 歷程	李澤厚 / 尹壽榮	22,000원
48 曼荼羅의 神들	立川武藏 / 金龜山	19,000원
49 朝鮮歲時記	洪錫謨 外/李錫浩	30,000원
50 하 상	蘇曉康 外 / 洪 熹	절판
51 武藝圖譜通志 實技解題	正 祖 / 沈雨晟・金光錫	15,000원
52 古文字學첫걸음	李學勤 / 河永三	14,000원
53 體育美學	胡小明 / 閔永淑	10,000원
54 아시아 美術의 再發見	崔炳植	9,000원
55 曆과 占의 科學	永田久 / 沈雨晟	8,000원
56 中國小學史	胡奇光 / 李宰碩	20,000원
57 中國甲骨學史	吳浩坤 外 / 梁東淑	35,000원
58 꿈의 철학	劉文英 / 河永三	22,000원
59 女神들의 인도	立川武藏 / 金龜山	19,000원
60 性의 역사	J. L. 플랑드렝 / 편집부	18,000원
61 쉬르섹슈얼리티	W. 챠드윅 / 편집부	10,000원
62 여성속담사전	宋在璇	18,000원
63 박재서희곡선	朴栽緒	10,000원
64 東北民族源流	孫進己 / 林東錫	13,000원
65 朝鮮巫俗의 研究(상・하)	赤松智城・秋葉隆 / 沈雨晟	28,000원
66 中國文學 속의 孤獨感	斯波六郎 / 尹壽榮	8,000원
67 한국사회주의 연극운동사	李康列	8,000원
68 스포츠인류학	K. 블랑챠드 外 / 박기동 外	12,000원
69 리조복식도감	리팔찬	절판
70 娼 婦	A. 꼬르벵 / 李宗旼	22,000원
71 조선민요연구	高晶玉	30,000원
72 楚文化史	張正明 / 南宗鎭	26,000원
73 시간, 욕망, 그리고 공포	A. 코르뱅 / 변기찬	18,000원
74 本國劍	金光錫	40,000원
75 노트와 반노트	E. 이오네스코 / 박형섭	절판
76 朝鮮美術史研究	尹喜淳	7,000원
77 拳法要訣	金光錫	20,000원

78	艸衣選集	艸衣意恂 / 林鍾旭	14,000원
79	漢語音韻學講義	董少文 / 林東錫	10,000원
80	이오네스코 연극미학	C. 위베르 / 박형섭	9,000원
81	중국문자훈고학사전	全廣鎭 편역	15,000원
82	상말속담사전	宋在璇	10,000원
83	書法論叢	沈尹默 / 郭魯鳳	8,000원
84	침실의 문화사	P. 디비 / 편집부	9,000원
85	禮의 精神	柳肅 / 洪熹	20,000원
86	조선공예개관	沈雨晟 편역	30,000원
87	性愛의 社會史	J. 솔레 / 李宗旼	18,000원
88	러시아미술사	A. I. 조토프 / 이건수	22,000원
89	中國書藝論文選	郭魯鳳 選譯	25,000원
90	朝鮮美術史	關野貞 / 沈雨晟	근간
91	美術版 탄트라	P. 로슨 / 편집부	8,000원
92	군달리니	A. 무케르지 / 편집부	9,000원
93	카마수트라	바짜야나 / 鄭泰爀	10,000원
94	중국언어학총론	J. 노먼 / 全廣鎭	18,000원
95	運氣學說	任應秋 / 李宰碩	8,000원
96	동물속담사전	宋在璇	20,000원
97	자본주의의 아비투스	P. 부르디외 / 최종철	6,000원
98	宗敎學入門	F. 막스 뮐러 / 金龜山	10,000원
99	변 화	P. 바츨라빅크 外 / 박인철	10,000원
100	우리나라 민속놀이	沈雨晟	15,000원
101	歌訣(중국역대명언경구집)	李宰碩 편역	20,000원
102	아니마와 아니무스	A. 융 / 박해순	8,000원
103	나, 너, 우리	L. 이리가라이 / 박정오	12,000원
104	베케트연극론	M. 푸크레 / 박형섭	8,000원
105	포르노그래피	A. 드워킨 / 유혜련	12,000원
106	셸 링	M. 하이데거 / 최상욱	12,000원
107	프랑수아 비용	宋勉	18,000원
108	중국서예 80제	郭魯鳳 편역	16,000원
109	性과 미디어	W. B. 키 / 박해순	12,000원
110	中國正史朝鮮列國傳(전2권)	金聲九 편역	120,000원
111	질병의 기원	T. 매큐언 / 서 일·박종연	12,000원
112	과학과 젠더	E. F. 켈러 / 민경숙·이현주	10,000원
113	물질문명·경제·자본주의	F. 브로델 / 이문숙 外	절판
114	이탈리아인 태고의 지혜	G. 비코 / 李源斗	8,000원
115	中國武俠史	陳山 / 姜鳳求	18,000원
116	공포의 권력	J. 크리스테바 / 서민원	23,000원
117	주색잡기속담사전	宋在璇	15,000원
118	죽음 앞에 선 인간(상·하)	P. 아리에스 / 劉仙子	각권 8,000원
119	철학에 대하여	L. 알튀세르 / 서관모·백승욱	12,000원

162	글쓰기와 차이	J. 데리다 / 남수인	28,000원
163	朝鮮神事誌	李能和 / 李在崑	근간
164	영국제국주의	S. C. 스미스 / 이태숙·김종원	16,000원
165	영화서술학	A. 고드로·F. 조스트 / 송지연	17,000원
166	美學辭典	사사키 겡이치 / 민주식	22,000원
167	하나이지 않은 성	L. 이리가라이 / 이은민	18,000원
168	中國歷代書論	郭魯鳳 譯註	25,000원
169	요가수트라	鄭泰爀	15,000원
170	비정상인들	M. 푸코 / 박정자	25,000원
171	미친 진실	J. 크리스테바 外 / 서민원	25,000원
172	디스탱숑(상·하)	P. 부르디외 / 이종민	근간
173	세계의 비참(전3권)	P. 부르디외 外 / 김주경	각권 26,000원
174	수묵의 사상과 역사	崔炳植	근간
175	파스칼적 명상	P. 부르디외 / 김웅권	22,000원
176	지방의 계몽주의	D. 로슈 / 주명철	30,000원
177	이혼의 역사	R. 필립스 / 박범수	25,000원
178	사랑의 단상	R. 바르트 / 김희영	근간
179	中國書藝理論體系	熊秉明 / 郭魯鳳	23,000원
180	미술시장과 경영	崔炳植	16,000원
181	카프카 — 소수적인 문학을 위하여	G. 들뢰즈·F. 가타리 / 이진경	13,000원
182	이미지의 힘 — 영상과 섹슈얼리티	A. 쿤 / 이형식	13,000원
183	공간의 시학	G. 바슐라르 / 곽광수	근간
184	랑데부 — 이미지와의 만남	J. 버거 / 임옥희·이은경	근간
185	푸코와 문학 — 글쓰기의 계보학을 향하여	S. 듀링 / 오경심·홍유미	근간
186	각색, 연극에서 영화로	A. 엘보 / 이선형	16,000원
187	폭력과 여성들	C. 도펭 外 / 이은민	18,000원
188	하드 바디 — 할리우드 영화에 나타난 남성성	S. 제퍼드 / 이형식	18,000원
189	영화의 환상성	J. -L. 뢰트라 / 김경온·오일환	18,000원
190	번역과 제국	D. 로빈슨 / 정혜욱	16,000원
191	그라마톨로지에 대하여	J. 데리다 / 김웅권	근간
192	보건 유토피아	R. 브로만 外 / 서민원	근간
193	현대의 신화	R. 바르트 / 이화여대기호학연구소	20,000원
194	중국회화백문백답	郭魯鳳	근간
195	고서화감정개론	徐邦達 / 郭魯鳳	근간
196	상상의 박물관	A. 말로 / 김웅권	근간
197	부빈의 일요일	J. 뒤비 / 최생열	근간
198	아인슈타인의 최대 실수	D. 골드스미스 / 박범수	근간
199	유인원, 사이보그, 그리고 여자	D. 해러웨이 / 민경숙	25,000원
200	공동생활 속의 개인주의	F. 드 생글리 / 최은영	근간
201	기식자	M. 세르 / 김웅권	24,000원
202	연극미학 — 플라톤에서 브레히트까지의 텍스트들	J. 셰레 外 / 홍지화	근간
203	철학자들의 신(전2권)	W. 바이셰델 / 최상욱	근간

204 고대세계의 정치　　　　M. I 포리 / 최생열　　　　　　　　　　　　근간
205 카프카의 고독　　　　　M. 로베르 / 이창실　　　　　　　　　　　　근간
206 문화 학습 — 실천적 입문서　J. 자일즈 · T. 미들턴 / 장성희　　　　근간
207 호모 아카데미쿠스　　　P. 부르디외 / 임기대　　　　　　　　　　근간
208 朝鮮槍棒敎程　　　　　　金光錫　　　　　　　　　　　　　　40,000원
209 자유의 순간　　　　　　P. M. 코헨 / 최하영　　　　　　　　　　근간
210 밀교의 세계　　　　　　鄭泰爀　　　　　　　　　　　　　　　　근간
211 토탈 스크린　　　　　　J. 보드리야르 / 배영달　　　　　　　19,000원

【기 타】

▨ 모드의 체계　　　　　　R. 바르트 / 이화여대기호학연구소　　18,000원
▨ 텍스트의 즐거움　　　　R. 바르트 / 김희영　　　　　　　　　15,000원
▨ 라신에 관하여　　　　　R. 바르트 / 남수인　　　　　　　　　10,000원
▨ 說 苑 (上 · 下)　　　　　林東錫 譯註　　　　　　　　　각권 30,000원
▨ 晏子春秋　　　　　　　　林東錫 譯註　　　　　　　　　　　30,000원
▨ 西京雜記　　　　　　　　林東錫 譯註　　　　　　　　　　　20,000원
▨ 搜神記 (上 · 下)　　　　林東錫 譯註　　　　　　　　　　각권 30,000원
■ 경제적 공포〔메디시스賞 수상작〕V. 포레스테 / 김주경　　　7,000원
■ 古陶文字徵　　　　　　　高 明 · 葛英會　　　　　　　　　20,000원
■ 古文字類編　　　　　　　高 明　　　　　　　　　　　　　　　절판
■ 金文編　　　　　　　　　容 庚　　　　　　　　　　　　　36,000원
■ 고독하지 않은 홀로되기　P. 들레름 · M. 들레름 / 박정오　　8,000원
■ 그리하여 어느날 사랑이여　이외수 편　　　　　　　　　　　6,500원
■ 딸에게 들려 주는 작은 지혜　N. 레흐레이트너 / 양영란　　　6,500원
■ 노력을 대신하는 것은 없다　R. 쉬이 / 유혜련　　　　　　　5,000원
■ 미래를 원한다　　　　　J. D. 로스네 / 문 선 · 김덕희　　　8,500원
■ 사랑의 존재　　　　　　한용운　　　　　　　　　　　　　　3,000원
■ 산이 높으면 마땅히 우러러볼 일이다　　　유 향 / 임동석　　5,000원
■ 서기 1000년과 서기 2000년 그 두려움의 흔적들　J. 뒤비 / 양영란　8,000원
■ 서비스는 유행을 타지 않는다　B. 바게트 / 정소영　　　　　5,000원
■ 선종이야기　　　　　　　홍 희 편저　　　　　　　　　　　8,000원
■ 섬으로 흐르는 역사　　　김영희　　　　　　　　　　　　　10,000원
■ 세계사상　　　　　　창간호~3호: 각권 10,000원 / 4호: 14,000원
■ 십이속상도안집　　　　　편집부　　　　　　　　　　　　　8,000원
■ 어린이 수묵화의 첫걸음(전6권)　趙 陽 / 편집부　　　　　각권 5,000원
■ 오늘 다 못다한 말은　　　이외수 편　　　　　　　　　　　7,000원
■ 오블라디 오블라다, 인생은 브래지어 위를 흐른다　무라카미 하루키 / 김난주　7,000원
■ 인생은 앞유리를 통해서 보라　B. 바게트 / 박해순　　　　　5,000원
■ 잠수복과 나비　　　　　J. D. 보비 / 양영란　　　　　　　6,000원
■ 천연기념물이 된 바보　　최병식　　　　　　　　　　　　　7,800원
■ 原本 武藝圖譜通志　　　　正祖 命撰　　　　　　　　　　　60,000원
■ 隷字編　　　　　　　　　洪鈞陶　　　　　　　　　　　　40,000원

■ 테오의 여행 (전 5권)　　　　　　C. 클레망 / 양영란　　　　각권 6,000원
■ 한글 설원 (상·중·하)　　　　　임동석 옮김　　　　　　각권 7,000원
■ 한글 안자춘추　　　　　　　　임동석 옮김　　　　　　　8,000원
■ 한글 수신기 (상·하)　　　　　임동석 옮김　　　　　　각권 8,000원

【이외수 작품집】
■ 겨울나기　　　　　　　　　　창작소설　　　　　　　　7,000원
■ 그대에게 던지는 사랑의 그물　에세이　　　　　　　　　7,000원
■ 꿈꾸는 식물　　　　　　　　　장편소설　　　　　　　　7,000원
■ 내 잠 속에 비 내리는데　　　에세이　　　　　　　　　7,000원
■ 들 개　　　　　　　　　　　　장편소설　　　　　　　　7,000원
■ 말더듬이의 겨울수첩　　　　　에스프리모음집　　　　　7,000원
■ 벽오금학도　　　　　　　　　장편소설　　　　　　　　7,000원
■ 장수하늘소　　　　　　　　　창작소설　　　　　　　　7,000원
■ 칼　　　　　　　　　　　　　장편소설　　　　　　　　7,000원
■ 풀꽃 술잔 나비　　　　　　　서정시집　　　　　　　　4,000원
■ 황금비늘 (1·2)　　　　　　　장편소설　　　　　　　각권 7,000원

【조병화 작품집】
■ 공존의 이유　　　　　　　　　제11시점　　　　　　　　5,000원
■ 그리운 사람이 있다는 것은　　제45시집　　　　　　　　5,000원
■ 길　　　　　　　　　　　　　애송시모음집　　　　　　10,000원
■ 개구리의 명상　　　　　　　　제40시집　　　　　　　　3,000원
■ 꿈　　　　　　　　　　　　　고희기념자선시집　　　　10,000원
■ 따뜻한 슬픔　　　　　　　　　제49시집　　　　　　　　5,000원
■ 버리고 싶은 유산　　　　　　제 1시집　　　　　　　　3,000원
■ 사랑의 노숙　　　　　　　　　애송시집　　　　　　　　4,000원
■ 사랑의 여백　　　　　　　　　애송시화집　　　　　　　5,000원
■ 사랑이 가기 전에　　　　　　제 5시집　　　　　　　　4,000원
■ 남은 세월의 이삭　　　　　　제 52시집　　　　　　　　6,000원
■ 시와 그림　　　　　　　　　　애장본시화집　　　　　　30,000원
■ 아내의 방　　　　　　　　　　제44시집　　　　　　　　4,000원
■ 잠 잃은 밤에　　　　　　　　제39시집　　　　　　　　3,400원
■ 패각의 침실　　　　　　　　　제 3시집　　　　　　　　3,000원
■ 하루만의 위안　　　　　　　　제 2시집　　　　　　　　3,000원